O essencial em
cervejas e destilados

CB027112

OBRA ATUALIZADA CONFORME
O **NOVO ACORDO ORTOGRÁFICO**
DA LÍNGUA PORTUGUESA.

Dados Internacionais de Catalogação na Publicação (CIP)
(Jeane Passos Santana – CRB 8ª/6189)

Santos, José Ivan Cardoso dos
    O essencial em cervejas e destilados / José Ivan Cardoso dos Santos,
Robert Paul Dinham, Cesar Adames. – 2ª ed. rev. e amp. – São Paulo :
Editora Senac São Paulo, 2013.

    Bibliografia.
    ISBN 978-85-396-0251-3

    1. Bebidas destiladas 2. Bebidas destiladas – História 3. Bebidas
destiladas – Processos de fabricação 4. Cervejas – Processos de fabricação I. Dinham, Robert Paul II. Título.

	CDD – 663.5
12-028s	663.42

Índices para catálogo sistemático:
Bebidas destiladas : Tecnologia   663.5
Cervejas : Tecnologia   663.42

O essencial em
cervejas e destilados

José Ivan Santos
Robert Dinham
Cesar Adames

2ª edição revista e ampliada

Editora Senac São Paulo – São Paulo – 2013

Administração Regional do Senac no Estado de São Paulo

Presidente do Conselho Regional: Abram Szajman
Diretor do Departamento Regional: Luiz Francisco de A. Salgado
Superintendente Universitário e de Desenvolvimento: Luiz Carlos Dourado

Editora Senac São Paulo

Conselho Editorial: Luiz Francisco de A. Salgado
Luiz Carlos Dourado
Darcio Sayad Maia
Lucila Mara Sbrana Sciotti
Jeane Passos Santana

Gerente/Publisher: Jeane Passos Santana (jpassos@sp.senac.br)
Coordenação Editorial: Márcia Cavalheiro Rodrigues de Almeida (mcavalhe@sp.senac.br)
Comercial: Marcelo Nogueira da Silva (marcelo.nsilva@sp.senac.br)
Administrativo: Luís Américo Tousi Botelho (luis.tbotelho@sp.senac.br)

Preparação de Texto: Adriana Lichtenfels Riccio e Sylmara Beletti
Revisão de Texto: Luiza Elena Luchini, Juliana Muscovick (coord.), Ivone P. B. Groenitz, Jussara R. Gomes, Léia M. F. Guimarães, Marta Lucia Taso
Projeto Gráfico e Editoração Eletrônica: Fabiana Fernandes
Capa: Antonio Carlos De Angelis
Fotos da Capa: iStockPhoto
Ilustrações: Alberto Massanobu Honda
Impressão e Acabamento: Pontograf Gráfica e Editora Ltda.

Todos os direitos desta edição reservados à
Editora Senac São Paulo
Rua Rui Barbosa, 377 – 1º andar – Bela Vista – CEP 01326-010
Caixa Postal 1120 – CEP 01032-970 – São Paulo – SP
Tel. (11) 2187-4450 – Fax (11) 2187-4486
E-mail: editora@sp.senac.br
Home page: http://www.editorasenacsp.com.br

Sumário

Nota do editor

A fabricação e o consumo de bebidas alcoólicas constituem uma tradição universal, presente na cultura de todos os povos. Utilizadas ritualística e socialmente desde eras muito remotas, ainda hoje apreciamos seu sabor e encanto, sua cor e aroma – e os efeitos inebriantes que delas provêm. Mais que isso, descobrimos que elas dão brilho à convivência, tornando-se indispensáveis em ocasiões de festa.

Atualmente, as bebidas atraem especial atenção da mídia, que a elas dedica tempo e espaço generosos, na forma de muitos livros, artigos e programas. Considera-se que elas são educação e cultura também. Já não se trata apenas de consumi-las, mas de entendê-las, de conhecer seus processos de produção, seus refinamentos e benefícios, suas sutis diferenças que, como na apreciação de uma arte, só se revelam a quem saiba degustá-las.

Este pequeno manual, empenhado em registrar o essencial de cervejas e destilados, é publicado pelo Senac São Paulo como nova contribuição ao saber que aprimora o sabor.

Apresentação

*P*ara tirar o melhor proveito da bebida, o mínimo que o apreciador de cervejas e destilados deve saber é de onde essas bebidas são provenientes e como são produzidas.

Não temos a pretensão de transformar o leitor em um especialista em cervejas e destilados – para isso ele teria de ler muito mais sobre o assunto e beber muito mais do que as cervejas e os destilados aqui citados –, mas se é uma pessoa curiosa e que gosta de beber sabendo o que está consumindo, se deseja conhecer um pouco mais sobre essas bebidas, falar sobre alguns de seus segredos, este livro será útil.

A 1ª edição deste livro foi escrito tendo por base os cursos que ministramos no Centro Universitário Senac, na área de gastronomia, da extensão e da pós-graduação.

Nesta 2ª edição contamos com a colaboração do especialista em cervejas e destilados, e também professor do Centro Universitário Senac, Cesar Adames, que efetuou uma revisão geral, com reorganização dos capítulos, acréscimos e atualizações, procurando melhorar a essência da edição anterior.

Gostaríamos de agradecer a nossos amigos que, com sua melhor disposição, colaboraram com sugestões para melhorar o livro: professor Geraldo Camargo de Carvalho, e Fernando Dagoberto Pereira e José Henrique de Paula Eduardo (Conger).

Agradecemos também às companhias de bebidas Diageo, Pernord Ricard, Bacardi-Martini e pelas imagens cedidas de suas destilarias e produtos para ilustrar diversos capítulos deste livro.

Cerveja

$\mathcal{A}$ cerveja é uma bebida alcoólica feita de cevada (planta da família das gramíneas, que tem alto teor de amido), água, lúpulo (planta trepadeira) e levedura.

Cultivados em climas temperados, os grãos de cevada, após a colheita, são colocados para germinar. Quando começa a germinação, tão logo o grão inicie a criação de uma nova planta, o processo é interrompido. No interior do grão, forma-se uma enzima, a diástase, que converte o amido (não fermentável) em açúcar (fermentável). O grão, nessas condições, chama-se malte. Outros grãos – como o milho, o trigo ou o arroz – são usados, em associação ao malte, como fonte secundária de açúcar. Contudo, somente o amido desses cereais pode ser convertido em açúcar com o malte presente.

História e consumo

A história da cerveja está intimamente ligada à da agricultura. Isso se deve ao fato de os seus ingredientes básicos serem os mesmos do pão. Por conter os mesmos nutrientes deste, na Antiguidade, a cerveja funcionava como um verdadeiro complemento alimentar; era realmente um "pão líquido". A sua produção era atividade das mulheres, como ainda é hoje em algumas aldeias africanas.

Existe também uma ligação com a religião, pois muitas cervejas foram feitas em mosteiros. Há, inclusive, um documento, datado de 1040, que permite a produção de cerveja pelos monges de Weihenstephan na Alemanha, onde ainda existe uma cervejaria. Também na Áustria há um registro de produção da bebida, em 1299, em Kremsmünster. Os monges tomavam cerveja durante os períodos de jejum religioso, porque acreditavam que líquido não quebrava o jejum; apenas o vinho, por ser sagrado, não podia ser consumido.

Chamada *beer* pelos ingleses, essa palavra provavelmente tem origem anglo-saxônica, *baere*, que significa "cevada". É a mesma matriz do nome alemão (*bier*), francês (*bière*) e italiano (*birra*). O nome português *cerveja* e o espanhol *cerveza* são derivados do latim, *cervisìa*.[1]

Hoje, a cerveja é produzida em todo o mundo; e, com exceção de França, Itália, Portugal e Grécia, todos os países bebem mais cerveja do que vinho.

No quadro a seguir, constam os maiores produtores e os maiores consumidores *per capita* de cerveja do mundo.

Produção de cerveja (em bilhões de litros/ano)

1º	China	44,8
2º	Estados Unidos	22,8
3º	Brasil	12,6
4º	Rússia	10,6
5º	Alemanha	9,6

Fonte: Kirin Institute of Food and Lifestyle Report, vol. 30, 2010.

---

[1] Segundo o *Dicionário Houaiss*: do latim, *cervesìa*, "bebida fermentada", é palavra de origem gaulesa, que já aparece em Plínio (27-79 d.C.); em português, *cerveja* (século XV); em espanhol, *cerveza* (1482, *servesa*), (1535, *cerbeça*); as formas italiana, *birra* (século XV), e francesa, *bière* (1429), oriundas do holandês, *bier*, suplantaram a italiana *cervogia* e a francesa *cervoise*, respectivamente; o inglês *beer*, do século XI, o alemão, *Bier*, e o holandês *bier* têm, ao que tudo indica, étimo comum, mas a sua origem é incerta.

Consumo *per capita*

Consumo per capita (litros/habitante)	
1º Rep. Checa	131,7
2º Alemanha	106,8
3º Áustria	105,8
4º Rep. da Irlanda	103,7
5º Estônia	90,6
6º Lituânia	85,7
7º Polônia	83,6
8º Austrália	83,4
9º Venezuela	83,0
10º Finlândia	82,7
11º Brasil	65,3

Fonte: Kirin Institute of Food and Lifestyle Report, vol. 30, 2010.

Ingredientes

Os ingredientes da cerveja são: água, malte, lúpulo e levedura.

Água

É o principal ingrediente da cerveja, em porcentagem. O sucesso de certas cervejas deve-se às características da água com que são fabricadas, principalmente à sua salinidade.

A água pesada, rica em sais minerais, é excelente para a cerveja amarga; a água leve, encontrada em regiões montanhosas, é ideal para cervejas mais leves.

Muitas cervejarias estabeleceram-se em locais onde podiam explorar a água natural da região. Atualmente, qualquer cervejaria consegue "clonar" a água de onde quiser.

Malte

Depois de colhida, a cevada é colocada de molho em água pura durante alguns dias para amolecer. Em seguida, é drenada e deixada na temperatura de 15 °C para a germinação começar. Nessa fase do processo, os grãos são revolvidos mecanicamente e ventilados a cada período de seis a doze horas, impedindo-se assim que grudem. Começa, então, a brotar o malte verde: as enzimas liberadas convertem o amido dos grãos em açúcar.

A chave do processo de malteação é interromper a germinação da cevada, quando as enzimas para produzir os açúcares ainda estão presentes e a maior parte do amido não foi transformada em malte.

A seguir, o malte verde é secado em estufas com ar quente. Em função da quantidade de calor aplicada durante o processo, há muitos diferentes tipos de malte, que variam dos mais claros aos mais escuros. Podem ser:

- *claro* – secado o mais rapidamente possível, é pouco ou levemente tostado;
- *tostado médio* – em que a secagem inicial é lenta, e progressivamente a temperatura aumenta, acrescentando sabor e cor;
- *escuro* – torrado, e às vezes caramelado.

Outros grãos podem também ser malteados, principalmente os de trigo, para fazer cervejas especiais (weissbier), ou os de milho, para dar sabor mais doce e corpo à cerveja. Nos Estados Unidos, usa-se muito o arroz para fazer uma cerveja seca, leve e fresca.

Lúpulo

Planta trepadeira da família das canabáceas, com nome botânico *Humulus lupulus*, cultivada principalmente em climas

Foto 1. Plantação de cevada.　　　Foto 2. Grãos de cevada.

frios do hemisfério norte. Inglaterra, Alemanha, República Checa e Estados Unidos são grandes produtores.

No Brasil, não existem condições climáticas ou de luminosidade (dezesseis horas por dia para que a flor cresça) para sua produção, e ele é importado.

A flor fêmea é a parte da planta que se usa na fabricação da cerveja. Possui grande quantidade de resinas amargas e óleos, que conferem à cerveja o sabor amargo e o aroma característicos da bebida.

Levedura

Fungo que converte o açúcar em álcool e gás carbônico (fermentação alcoólica). Existem duas categorias de levedura, que produzem diferentes estilos de cerveja:

- *Saccharomyces cerevisiae* – levedura usada em padarias, que opera melhor em temperaturas ao redor de 20 °C. Flutua na superfície do líquido, formando uma barreira que impede a entrada de bactérias e leveduras selvagens. A temperatura relativamente elevada faz com que o processo de fermentação complete-se em duas semanas, ou menos. Quando é feita com essa levedura, a cerveja é denominada de alta fermentação;

- *Saccharomyces carlsbergensis* – na Bavária, durante o século XV, descobriu-se que, se a cerveja fosse mantida em baixas temperaturas durante o processo, dificilmente ficava azeda. Esse processo incluía as fases de maturação e de fermentação da cerveja, que era vagarosamente amadurecida em grandes tanques (chamados *läger*, em alemão). Por causa de seu sabor delicado e de sua cor clara, tornou-se conhecida como cerveja lager. A levedura que melhor funciona nas condições de baixa temperatura foi descoberta em um laboratório em Carlsberg (Dinamarca), em 1883, de onde derivou o seu nome. Esse tipo de levedura não flutua na superfície do líquido, indo para o fundo do tanque. O líquido não fica protegido do ar e, por isso, o processo é feito em recipiente fechado. A temperatura de fermentação fica em torno de 10 °C, e leva normalmente sete dias (ou mais) para se completar. Depois da fermentação, é colocada em tanques resfriados para um período de acondicionamento. A cerveja elaborada com essa levedura é denominada de baixa fermentação. É o tipo mais comum no mundo todo, principalmente no Brasil.

Esquema de fabricação

O esquema 1 mostra o processo de fabricação da cerveja.

Brassagem

Em uma tina, colocam-se a água e o malte de cevada moída, que são pulverizados com água aquecida para tirar os açúcares fermentáveis, liberados do amido da cevada malteada (e dos outros grãos, se for o caso) pela ação da enzima, a diástase.

Mosto

Para separar o bagaço dos grãos, filtra-se a mistura, e, às vezes, acrescenta-se açúcar de cana. O líquido resultante denomina-se mosto.

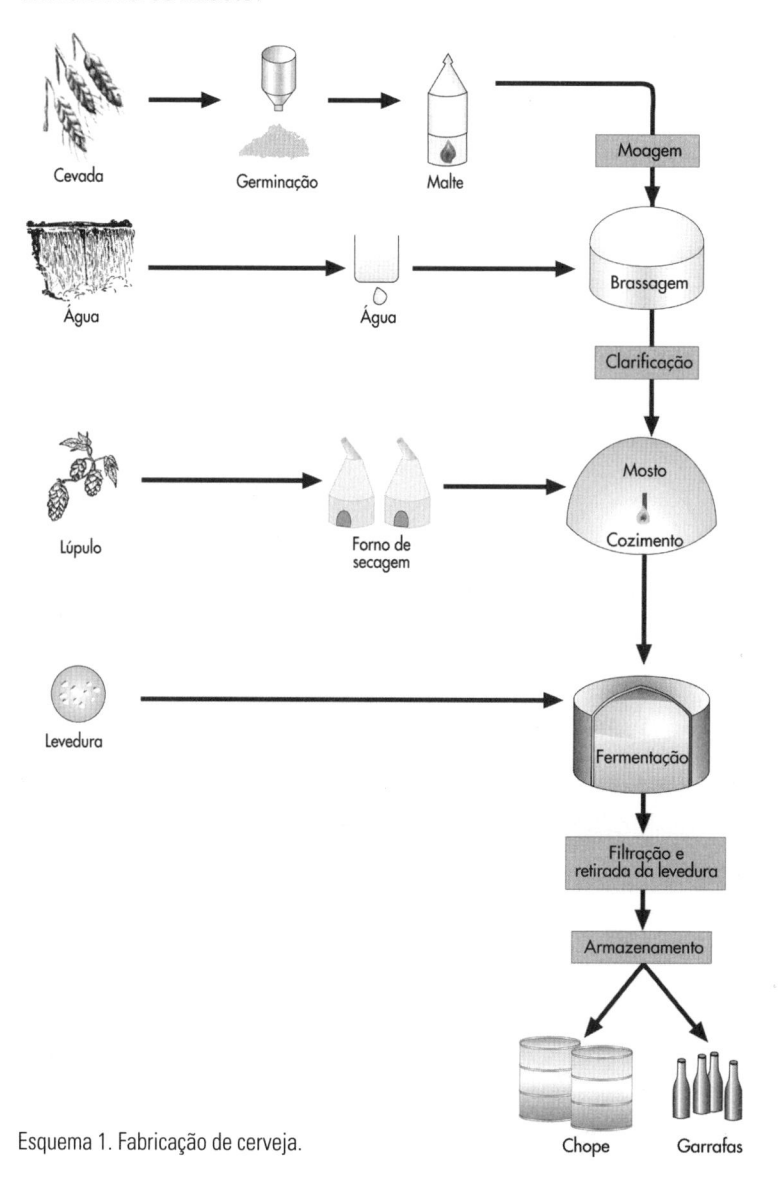

Esquema 1. Fabricação de cerveja.

Cozimento/Centrifugação

O mosto é colocado em uma tina (grande chaleira) e fervido. Dependendo do tipo de cerveja que está sendo produzido, o lúpulo é acrescentado antes e/ou depois de iniciar a cocção.

Esse cozimento é feito principalmente para interromper os processos enzimáticos, eliminar substâncias voláteis indesejáveis e matar os germes da água, do lúpulo e do malte. Ele também aumenta o sabor da cerveja.

Em seguida, por centrifugação, retiram-se as partículas sólidas provenientes do lúpulo. Por fim, o mosto é resfriado, usando-se um trocador de calor.

Foto 3. Tanque de brassagem.   Foto 4. Tanque de fermentação.

Fermentação

Coloca-se o mosto resfriado em um tanque de fermentação que já contém as leveduras em caldo. Inicia-se a fermentação alcoólica, que dará ao líquido seu teor alcoólico e uma parte de sua carbonatação (espumatização). Normalmente, para cada 100 litros de mosto, utiliza-se de 0,5 litro a 1 litro de caldo de levedura. O tempo de fermentação varia muito de cervejaria para cervejaria e do tipo de cerveja que se pretende.

Quando a fermentação está terminando, uma grande parte da levedura (tanto a de alta quanto a de baixa fermentação) fica no fundo do tanque, e pode ser removida facilmente. Em algumas cervejarias, quando se atinge o teor alcoólico desejado, o tanque é selado, e o gás carbônico que estava saindo é armazenado para fazer parte da espuma do produto final.

Filtração/enchimento

Uma vez concluída a fermentação, a cerveja é resfriada a 0 °C, quando, então, a maior parte da levedura é separada por decantação. Substâncias indesejáveis oriundas da fermentação são eliminadas, e o açúcar residual é consumido pelas leveduras remanescentes. Esse processo costuma levar, no mínimo, seis dias. Mas, normalmente, o acondicionamento dura muito mais.

A seguir, a cerveja é filtrada, e pode receber mais uma leve espumatização.

O enchimento é a fase final do processo. Atualmente, as cervejas são embaladas em garrafas de vidro, em *pets* de plástico ou em latas de alumínio.

Logo após, as cervejarias iniciam o processo de pasteurização da cerveja: ela é submetida a um aquecimento de até 60 °C, e bruscamente resfriada, o que confere maior estabilidade ao produto. As cervejas acondicionadas em barris normalmente não são pasteurizadas e, por isso, recebem o nome de chope.

Tipos e estilos

Existem dois tipos básicos de cerveja, mas inúmeras variações destes.

De baixa fermentação – Lager

Produzido pelo processo de baixa fermentação, esse tipo – denominado Lager – tem cor levemente dourada, um sabor limpo de malte e lúpulo e ausência de aromas frutados. É o tipo de cerveja mais produzido em todo o mundo. Seu teor alcoólico varia entre 3% e 5% vol., mas atualmente existem premium lagers com teor alcoólico entre 6% e 9% vol., principalmente na Europa.

Podem ser encontradas em alguns dos seguintes estilos:

- *pilsen* – produzida pela primeira vez em Pilsen, na República Checa, ficou famosa por sua leveza, que permite ser consumida em grandes quantidades;

Marcas famosas: checa (Pilsner Urquell), alemã (Warsteiner), holandesa (Heineken), dinamarquesa (Carlsberg), americanas (Budweiser, Miller), belga (Stella Artois), mexicana (Sol) e brasileiras (Antártica, Schincariol e Skol)

Foto 5. Cervejas do tipo Lager.

- *bock* – a mais pesada das lagers, com cor mais escura e teor alcoólico até 6,5% vol.;

Marcas famosas: Kaiser Bock, Baden Bock

- *lagers escuras (schwarzbier)* – cerveja pretas muitas vezes denominada *"dunkel"*, tem sabor forte e amargo de chocolate e malte. Algumas, como a Malzbier, são levemente adocicadas.

Marcas famosas: Malzbier, Caracu

Foto 6. Cervejas do tipo Ale.

De alta fermentação – Ale

Produzido pelo processo de alta fermentação, esse tipo de cerveja – denominado ale – é muito consumido na Inglaterra, na Bélgica, na República da Irlanda e nos Estados Unidos. Em geral, tem características aromáticas frutadas; nelas, os sabores de malte e lúpulo se apresentam mais limpos.

São encontrados em alguns estilos:

- *pale ale* – denominação usada para descrever grande variedade de ales. Podem variar em relação à cor, dependendo do país de origem, ou ao caráter do lúpulo, o que implica grandes diferenças: desde as levemente "lupulizadas", como as *cream ales*, até as agressivamente "lupulizadas", como as *indian pale ales*;

- *stout* – com gosto acentuado de malte, é uma cerveja preta pelo uso de cevada caramelada. Forte, pode chegar ao teor alcoólico de 7% vol., acompanha bem refeições;

Marcas famosas: Guiness, Baden Stout

- *bitter* (amargo) – nome derivado do inglês, referente ao uso do lúpulo amargo. A cor varia do âmbar ao marrom-escuro, o teor alcoólico está entre 4% e 6% vol., é amarga, de sabor frutado e boa acidez;

Marcas famosas: Spitfire, Fuller´s

- *weiss* – além da cevada, leva também o trigo; não é filtrada, tem sabor frutado e levemente ácido;

Marcas famosas: Erdinger, Baden Weiss

- *barley wine* – feita exclusivamente de cevada, às vezes com dupla fermentação. Caracteriza-se pelo alto teor alcoólico (entre 7,5% e 12% vol.), por ser levemente doce e por conter bastante lúpulo para compensar. Cervejas desse estilo são encorpadas e avermelhadas, com grande concentração de malte no paladar.

Marcas famosas: belgas (Chimay e Duvel, feitas por monges trapistas) e a brasileira (Baden Red Ale)

Foto 7. Diversos tipos de cervejas.

Cervejas no mundo

É praticamente impossível determinar quantas marcas e estilos de cerveja existem no mundo. A cada dia, novos produtores e microcervejeiros colocam seus produtos no mercado, aumentando ainda mais a oferta. Por conta disso, vamos falar não de países, e sim de escolas cervejeiras, o que normalmente determina o estilo e o modelo das cervejas produzidas.

-  *Escola alemã* – é a mais conhecida e divulgada no mundo. Quando se pensa em cerveja, sempre vem à mente a figura de um simpático alemão, com uma caneca na mão. Nessa, escola não podemos deixar de incluir a República Checa, responsável pela criação da cerveja *pilsen*, a mais consumida no mundo. Dos alemães, herdamos a lei de pureza (*Reinheitsgebot*), que determina somente quatro ingredientes na produção da cerveja: água, malte, levedura e lúpulo. O estilo mais comum nestes países são as *lagers* (cervejas de baixa fermentação), como a *pilsen*, *weiss*, *helles* e *bock*. As marcas mais conhecidas são: Erdinger, Paulanere, Franziskaner e Hofbrau.

-  *Escola inglesa* – segue uma linha de cervejas mais amargas e mais secas, normalmente do estilo *ale* (cervejas de alta fermentação). As cervejas feitas no Reino Unido são mais complexas no sabor que as *lagers* da escola alemã, além de serem um pouco mais amargas. As cervejas da escola inglesa são menos carbonatadas, ou seja, produzem menos espuma. Os estilos mais comuns são a *pale ale, porter, stout* e *bitter.* As marcas mais conhecidas por aqui são: Guinness, Fuller's, Murphys, Newcastle e Brewdog.

-  *Escola belga* – apesar de seu pequeno território, essa escola agrupa países como Bélgica, Holanda e parte da França. As cervejas produzidas nessas regiões são caracterizadas pela alta fermentação *(ales)*, além da adição de outros ingredientes, como cascas de laranja, anis, coentro, entre outros. Têm um teor alcoólico mais elevado, podendo passar dos 10%. Da Bélgica, vêm as cervejas mais conhecidas, as trapistas, feitas por monges em seus monastérios. Os estilos mais comuns são: *blonde, golden ale, dubbel, tripel* e *quadruppel.* As marcas mais conhecidas são Hoegaarden, Duvel e Chimay.

- *Escola americana* – é uma das mais recentes e ainda não teve aceitação completa. Segue uma linha de trabalho baseada na escola alemã, porém, com adição de uma quantidade muito maior de lúpulo na produção de suas cervejas. O estilo mais comum é a *pilsen*, e as marcas mais conhecidas são Rogue Beer, Flying Dog e Anderson Valley.

Cervejas em nosso país

Existem grandes fabricantes de cerveja no Brasil, como a AmBev – parte do grupo InBev, o maior fabricante de cerveja do mundo –, a Kaiser – que pertence ao grupo holandês Heineken,e a Schincariol, que pertence ao grupo japonês Kirin, que praticamente dominam o mercado.

Blumenau é considerada a capital da cerveja no Brasil e, depois de Munique, é o palco da segunda maior Oktoberfest do mundo.

Para deleite dos apreciadores, têm surgido muitas microcervejarias. É uma tendência nos Estados Unidos e no Reino Unido, em protesto contra a uniformidade do sabor das cervejas produzidas em massa pelas grandes cervejarias. Essas cervejas especiais, artesanais (*craft beers*), têm sido produzidas também no Brasil. Entre os fabricantes, destacamos:

Foto 8. Marcas de cervejas brasileiras.

Backer

Criada em 1999 pelos irmãos Halim e Munir Lebbos, foi a primeira cerveja artesanal de Minas Gerais. O local escolhido para sua produção foi o bairro Olhos d'Água, aos pés da Serra do Curral, em Belo Horizonte. Atualmente, a cervejaria conta com três linhas de produtos: clássica, medieval e três lobos, a qual utiliza ingredientes diferenciados em sua composição, como açúcar mascavo, raspas de laranja, capim-limão e barris de madeira umburana.

Estilos:

- *Cerveja Backer Pilsen*
- *Cerveja Backer Brown*
- *Cerveja Backer Pale Ale*
- *Cerveja Backer Trigo*
- *Cerveja Backer Medieval*
- *Três Lobos American Pilsen*
- *Três Lobos Pele Vermelha (indian pale ale)*
- *Três Lobos Exterminador de Trigo (wheat beer)*
- *Três Lobos Bravo (imperial porter)*

Fonte: http://www.cervejariabacker.com.br

Baden Baden

Criada em 1999, em Campos do Jordão, interior de São Paulo, a cervejaria nasceu para se tornar uma opção *gourmet*, diferenciada e especial, e conquistou, ao longo de sua história, diversos prêmios, com diferentes rótulos. Entre eles, a medalha de ouro no renomado European Beer Star, na Alemanha, com a Baden Baden Stout, eleita "A melhor cerveja *dry stout* do mundo".

Estilos:

- *Baden Baden 1999*
- *Baden Baden Bock*
- *Baden Baden Cristal*
- *Baden Baden Golden Ale*
- *Baden Baden Red Ale*
- *Baden Baden Stout*
- *Baden Baden Weiss*

Fonte: http://www.badenbaden.com.br

Bamberg

A microcervejaria Bamberg nasceu em 2005, em Votorantim, nas imediações de Sorocaba, interior de São Paulo. Os irmãos Alexandre, Thiago e Lucas visitaram diversas cervejarias ao redor do mundo e, depois de várias pesquisas, fundaram a Cervejaria Bamberg, em homenagem à cidade alemã de mesmo nome, referência em produção de cervejas na Alemanha.

Estilos:

- *Bamberg Pilsen*
- *Bamberg Weizen*
- *Bamberg Munchen*
- *Bamberg Rauchbier*
- *Bamberg Schwarzbier*
- *Bamberg Altbier*
- *Bamberg Bock*
- *Bamberg Helles*
- *Bamberg St. Michael*

Fonte: http://cervejariabamberg.com.br

Colorado

A Cervejaria Colorado, de Ribeirão Preto (SP), foi criada em 1995, por Marcelo Carneiro, e trabalha com uma rigorosa seleção das melhores matérias-primas. Toda água utilizada na fabricação da cerveja e do chope Colorado é obtida do aquífero Guarani, uma das maiores e mais puras reservas de água doce do mundo. Outra característica da Colorado é a utilização de mandioca, mel de laranjeira, café e rapadura.

Estilos:

- *Colorado Cauim (pilsen)*
- *Colorado Appia (weiss)*
- *Colorado Indica (indian pale ale)*

- *Colorado Demoiselle (porter)*
- *Colorado Ithaca (imperial stout)*

Fonte: http://www.cervejariacolorado.com.br

Devassa

Criada em 2001 por dois jovens empresários da noite carioca, a Devassa surgiu com nome ousado e sabor refinado. Um galpão no bairro do Santo Cristo, Rio de Janeiro, serviu de cenário para a ideia, que contou ainda com a criação de bares que apresentassem as características da cerveja. No final de 2007, já eram 11 unidades e foi nessa época que se firmou a parceria entre a Devassa e o Grupo Schincariol, segunda maior cervejaria do Brasil, para o aperfeiçoamento dos processos de distribuição e logística, mantendo a qualidade artesanal e a comunicação diferenciada da marca.

Estilos:

- *Devassa Loura*
- *Devassa Ruiva*
- *Devassa Negra*
- *Devassa Índia*
- *Devassa Sarará*

Fonte: http://devassa.com.br

Eisenbahn

Em 24 de julho de 2002, data comemorativa da imigração alemã no Brasil, nasceu a cervejaria Eisenbahn, em Blumenau, Santa Catarina, com três estilos de chope: o *pilsen*, o *dunkel* e o *pale ale*. Em 2003, para comemorar o primeiro aniversário, lançou sua primeira cerveja engarrafada, a Pilsen. A Eisenbahn foi pioneira ao produzir, em 2006, a Lust, cerveja feita por meio do mesmo método de fabricação dos champanhes franceses. Atualmente, é a cervejaria nacional que mais estilos fabrica.

Estilos:

- *Eisenbahn Pilsen*
- *Eisenbahn Dunkel*
- *Eisenbahn Kolsch*
- *Eisenbahn Pale Ale*
- *Eisenbahn Natural*
- *Eisenbahn Weizenbier*
- *Eisenbahn Weizenbock*
- *Eisenbahn Rauchbier*
- *Eisenbahn Strong Golden Ale*
- *Eisenbahn Oktoberfest*
- *Eisenbahn 5*
- *Eisenbahn Lust*
- *Eisenbahn Lust Prestige*

Fonte: http://eisenbahn.com.br

Falke Bier

Fundada em 2004, a Falke Bier é uma cervejaria familiar, nascida da iniciativa dos irmãos Marco Antonio, Juliana e Ronaldo Falcone, que abandonaram suas atividades para investir em um projeto de vida. A Falke está localizada na região metropolitana de Belo Horizonte, no Condomínio Vale do Ouro, em um lugar especialmente construído para contrastar a tranquilidade do campo com equipamentos de alta tecnologia.

Estilos:

- *Falke Bier Pielsen*
- *Falke Bier Red Baron*
- *Falke Bier Ouro Preto*
- *Falke Bier Monasterium.*
- *Falke Bier Estrada Real Indian Pale Ale*
- *Falke Bier Estrada Real Weiss*

- *Falke Bier Diamantina*
- *Falke Bier Vila Rica*
- *Falke Bier Vivre pour Vivre*

Fonte: http://falkebier.com.br

Schmitt Beer

As cervejas Schmitt são produzidas artesanalmente na cidade gaúcha de Porto Alegre. Cansado de ouvir que as cervejas nacionais não tinham qualidade, Gustavo Dal Ri, sócio da cervejaria, iniciou a produção de cervejas especiais na própria casa, há 20 anos. A receita inicial era de uma vizinha, descendente de alemães, que tinha uma receita exclusiva.

Estilos:

- *Schmitt Ale*
- *La Brunette Stout*
- *Schmitt Barley Wine*
- *Schlau Hefeweizen*
- *Schmitt Magnum*
- *Schmitt Sparkling Ale*
- *Schmitt Big Ale*

Fonte: http://schmittbier.com.br

Copos

Assim como na apreciação do vinho, o copo influi diretamente na percepção de sabor e de aroma da cerveja. A apresentação de cada estilo de cerveja tem seu copo próprio, pois envolve um dos grandes prazeres da bebida: o aspecto visual. Cada copo é desenvolvido para receber uma quantidade específica de cerveja e de espuma, e desprender o aroma característico de cada estilo. Veja abaixo 15 estilos de copos para cerveja:

-  *caldereta* – também é muito utilizado para o serviço de chope, pelo seu tamanho médio. Serve outros estilos de cerveja, como a *american ale*, *lagers escuras* e *IPA*s.

-  *cálice* – conhecido como "goblet", na Bélgica, é utilizado para as grandes cervejas trapistas belgas. Pode ser usado para servir os estilos *dubbel*, *tripel* e *quadrupel*, pois mantém o creme e maior percepção de aroma.

-  *caneca* – muito comum para o serviço de chope, tem vidro grosso e alça que permite o brinde. Também são produzidas em cerâmica e metal.

-  *cilíndrico* – utilizado para cervejas *kölsh*, altbier e *fruitbeer*. Permite boa formação de espuma, mas dificulta um pouco a percepção do aroma das cervejas.

-  *cognac* – ideal para os estilos *barleywine*, *imperial stout* e *eisbock*. Seu corpo amplo permite agitar a cerveja, liberando os aromas. Também mantém a espuma por mais tempo.

-  *copo americano* – é o tradicional copo de bar. Encontrado em todos os bares, é utilizado para servir a cerveja do *happy hour* com os amigos.

- 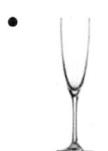 *flute* – utilizada para o serviço de espumantes, essa taça é ideal para cervejas do tipo *lambic*, *gueuze* e as produzidas pelo processo "champenoise". Seu corpo fino mantém a espuma por mais tempo.

-  *lager* – é o tradicional copo de chope, encontrado em todos os bares. Diferente da tulipa, cuja boca é aberta, o lager tem a boca mais fechada, o que mantém a espuma uniforme, evitando que se derrame.

 *mass* – típico canecão alemão de 1 litro. Ideal para grandes eventos, por causa de sua capacidade.

 *pilsen* – também conhecido como copo tulipa. Ideal para todos os tipos de cerveja *pilsen*, facilita a formação do creme e proporciona a percepção do aroma de lúpulo pelo nariz.

 *pint* – copo oficial dos *pubs* ingleses e irlandeses. Ideal para cervejas dos tipos *bitter* e *stouts*. Tem vidro reforçado, o que facilita seu empilhamento.

 *taça ISO* – modelo mais utilizado em degustações, pois atende bem todos os estilos. Também utilizado em degustações de vinhos, é um modelo que não pode faltar em seu armário.

 *tulipa* – taça utilizada para cervejas que têm bastante creme, como a *duvel* e outras *strong ales* belgas. A tulipa se parece com uma taça de conhaque, mas com a boca virada para fora.

 *tumbler* – copo tradicional do estilo *witbier*. Por ser robusto e pesado, também é utilizado para servir refrigerantes e chá gelado.

 *weisen* – ideal para cervejas de trigo. Tem capacidade para 500 ml, o que permite que todo o conteúdo da garrafa seja colocado no copo de uma só vez, incluindo o fundo, com as leveduras.

Dicas importantes

- *Evite copos gelados* – eles mascaram o sabor e o aroma das cervejas.

- *Lave bem os copos* – procure utilizar detergentes neutros.

- *Evite choque térmico* – não sirva cervejas geladas em copos que acabaram de sair da máquina de lavar e ainda estão quentes.

- *Copo bom é copo limpo* – lembre-se sempre disso e, se não tiver o copo apropriado, utilize outro, desde que esteja limpo.

Harmonização

A cerveja, assim como o vinho, pode harmonizar perfeitamente com diferentes pratos. Os dois critérios mais comuns para a harmonização são: contraste – quando o prato e a cerveja têm diferenças; semelhança – quando as características de ambos se somam e se valorizam. Não existem regras rígidas. A seguir, veremos algumas sugestões para criar a melhor harmonização possível.

- *Pratos leves com cervejas leves* – nesse caso, o recomendado é harmonizar saladas e massas com cervejas lagers, como a *pilsen*.

- *Procure combinar sabores semelhantes* – pratos doces vão bem com cervejas doces.

- *Teste novos sabores* – experimente novas possibilidades e escolha opções ainda não testadas.

- *Semelhanças com o vinho* – pense em ale como um vinho tinto; em uma lager, como um branco.

- *Sirva as combinações mais leves primeiro* – o ideal é servir pratos e cervejas leves primeiro, deixando as mais pesadas para depois.

- *Cervejas amargas acompanham bem pratos gordurosos* – nesse caso, a cerveja ajuda a limpar o palato.

- *Cervejas carbonatadas combinam com pratos picantes* – a carbonatação ajuda a minimizar o efeito da pimenta.
- *Maltes torrados com grelhados e sobremesas de chocolate* – cervejas escuras, como a *stout* ou *dunkel*, vão muito bem com sobremesas.

Avaliação

Para avaliar uma cerveja, há vários critérios, pois não existe uma ficha de avaliação oficial, padronizada. Veja a seguir alguns itens importantes para uma boa avaliação.

- *Aroma* – procure constantemente treinar o olfato, assim ficam mais fáceis as comparações.
- *Cerveja de garrafa, lata ou chope* – o segredo de uma boa avaliação é usar sempre um padrão. Por isso, cervejas de garrafa devem ser, preferencialmente, comparadas com outras cervejas de garrafa, assim como lata com lata e chope com chope.
- *Conteúdo da garrafa* – se possível, avalie garrafas com o mesmo conteúdo, pois a evolução do líquido em garrafas de tamanhos diversos poderá causar resultados diferentes.
- *Cor* – depende do estilo que você está avaliando. Não seja rigoroso demais, pois, dentro de cada estilo, é possível haver variações.
- *Data de validade e fabricação* – procure avaliar cervejas que estejam dentro de um mesmo período de validade.
- *Espuma* – a carbonatação de cada estilo de cerveja determinará a qualidade da espuma.
- *Sabor* – o ideal é provar vários estilos e tomar notas, para ter uma memória descritiva.

- *Temperatura* – procure seguir as temperaturas reco- mendadas para cada estilo.

- *Teor alcoólico* – para não comprometer o paladar, o ideal é avaliar cervejas dentro de igual faixa alcoólica. Se forem vários estilos, divida em grupos.

- *Tipo de copo* – como cada cerveja tem seu copo, utilize uma taça ISO, a mais recomendada para qualquer tipo de degustação (vinhos e destilados, inclusive).

- *Tipo de fermentação* – procure avaliar e comparar ales com ales e lagers com lagers.

- *Avaliação geral* – o resultado de todos os aspectos descritos acima.

Dicas de conservação

Para aumentar a vida útil da cerveja, veja algumas dicas de conservação.

- *Mantenha a cerveja sempre de pé* – no caso de cervejas em garrafas, o ideal é manter de pé para diminuir a área de contato do líquido com o oxigênio.

- *Evite choque térmico* – evite colocar e retirar a cerveja da geladeira diversas vezes. Mantenha refrigerado o que vai consumir de imediato.

- *Fora da geladeira, mantenha a cerveja em lugar fresco e escuro* – caso não possa manter a cerveja na tem- peratura recomendada, procure um local fresco, arejado e sem luz.

Noções de destilados

Um destilado – *spirits* – é o produto da destilação, qualquer que seja a matéria-prima utilizada.

A destilação consiste em concentrar o álcool contido em um líquido fermentado.

Os destilados para consumo humano referem-se a bebidas "potáveis" ou bebíveis, feitas pela destilação de um líquido com baixo teor alcoólico. Esse líquido alcoólico deve ser obtido pela fermentação do açúcar encontrado em frutas, vegetais ou cereais. São exemplos de destilados: o brandy (de vinho), o rum (de melaço) e o uísque (de um componente da cerveja, o malte).

O teor alcoólico dos destilados situa-se normalmente entre 39% e 47% vol., porém existem alguns comercializados de até 60% vol.

O processo de destilação já era conhecido pelos fabricantes de perfume das antigas civilizações (Mesopotâmia, Egito e China) há mais de 5 mil anos.

A primeira bebida destilada, a vodca – feita de centeio –, provavelmente apareceu por volta do ano 1100 d.C., na Polônia ou na Rússia, e foi usada para fins medicinais, como anestésico e desinfetante. Os mouros, possivelmente, foram os pioneiros na destilação do armagnac, no século XII. E a primeira menção ao uísque data de 1494. Os grandes destiladores, no entanto, foram os monges cristãos, que usavam álcool destilado para preservar ervas, especiarias e frutas utilizadas em seus remédios.

Fundamentos da destilação

O líquido fermentado (em inglês, *alcoholic wash*) é composto de frações que, aquecidas, se vaporizam em temperaturas diferentes.

Algumas frações não são próprias para o consumo humano, caso do metanol, que ferve a 65 °C; aquecendo-se o líquido fermentado, ele é o primeiro a ser separado dos outros constituintes. Outros vapores alcoólicos podem ser recolhidos e, a seguir, condensados, e, por causa da concentração, obtém-se um líquido com maior teor alcoólico.

Esse processo acontece em um equipamento denominado alambique.

Tipos de alambiques

Há dois tipos básicos de alambique: o *pot* e o contínuo, ou patente.

O alambique do tipo *pot* (esquema 2), de cobre, parece uma grande chaleira, onde se aquece diretamente o líquido. Os vapores deste concentram-se na cabeça, e são eliminados por meio de um tubo estreito no topo, chamado "pescoço de cisne".

Daí passam para um condensador, que é uma serpentina de cobre resfriada com água corrente. Essa mudança de temperatura provoca a liquidificação dos vapores. É um processo bastante simples. A destilação é feita por partes, e contém muitas impurezas. Para se produzir um destilado de teor alcoólico suficiente, podem ser necessárias duas ou três destilações.

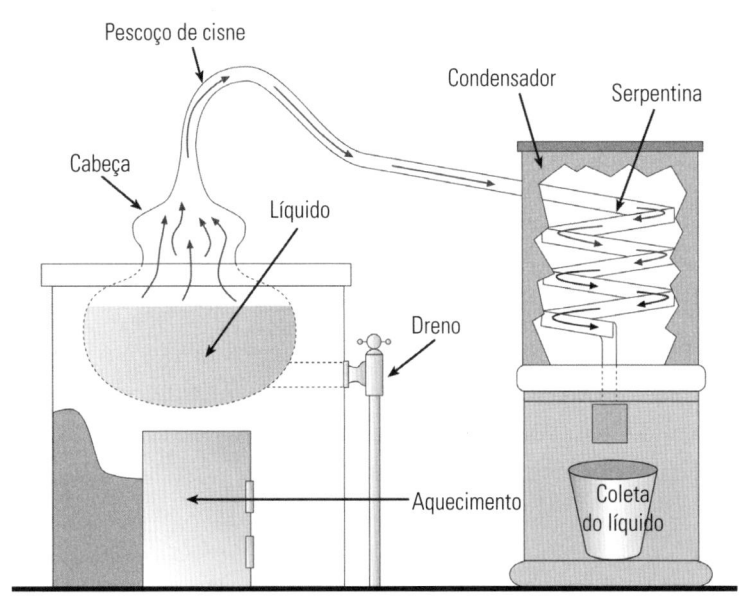

Esquema 2. Alambique tipo *pot*.

Por não eliminar todas as impurezas, esse tipo de alambique requer a intervenção do homem para a produção de um destilado potável. Durante a destilação, os primeiros vapores que saem são chamados "cabeças" (*foreshots* ou *heads*) e os últimos são chamados "rabos" (*feints* ou *tails*). Eles têm teor alcoólico de aproximadamente 80% vol. e 60% vol., respectivamente, mas contêm substâncias tóxicas, como metanol e óleos fúseis, que não podem fazer parte do destilado potável. A fração potável do meio chama-se "coração" (*heart*).

No alambique contínuo (esquema 3), ou patente, o líquido que entra ajuda a refrigeração, tendo um preaquecimento ao passar pelo condensador.

Num recipiente de cobre, o líquido é vaporizado. Ao passarem por colunas defletoras, vários vapores são condensados, dependendo do seu grau de volatilidade; e as caudas escorridas são removidas. Os vapores alcoólicos que descem pela serpentina são condensados pelo líquido frio, que sobe à medida que é aquecido pelos vapores.

É um processo contínuo em que o vapor do destilado é levado a um teor alcoólico mais alto do que o de um alambique *pot* – por volta de 96% vol. –, pois toda a água é removida no processo. Além disso, o destilado é mais neutro, com menos sabor que o produzido no tipo *pot*.

Todo o destilado, quando sai do alambique, é incolor. Qualquer cor, ou aroma, resulta de envelhecimento ou da adição de um corante ao destilado.

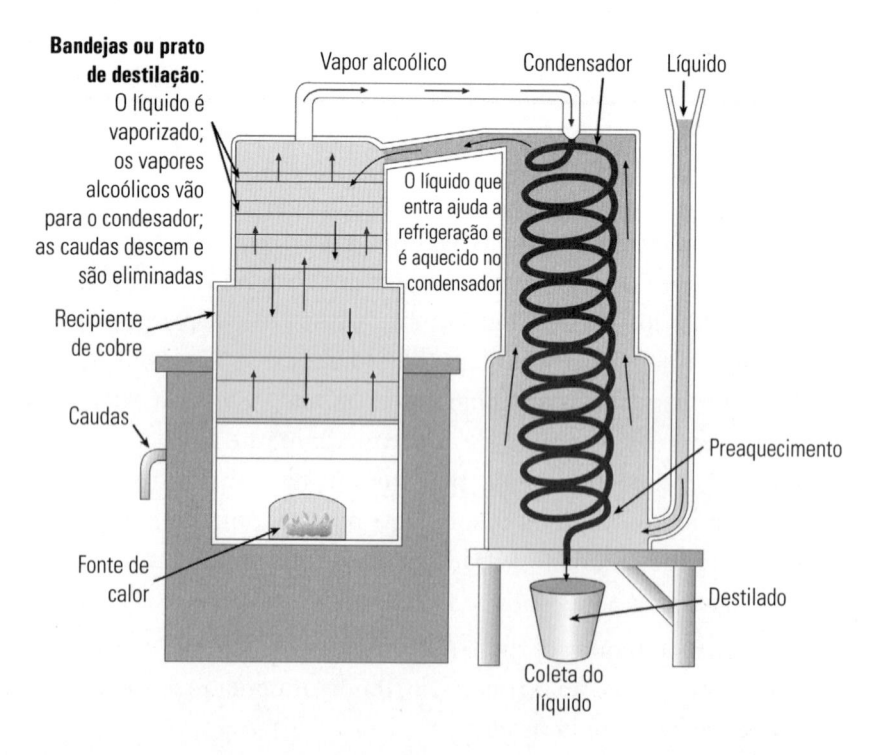

Esquema 3. Alambique contínuo.

Matérias usadas na destilação

Qualquer fruta, grão ou vegetal pode ser usado como matéria-prima para produzir um líquido a ser destilado. Contendo açúcar, como é o caso da fruta, a fermentação pode começar diretamente. Tendo apenas amido, no caso dos grãos, a fermentação só pode começar depois de convertê-lo em açúcar.

Alguns destilados podem ser elaborados a partir de uma única matéria-prima, caso do brandy, feito exclusivamente de uvas. O conhaque, o armagnac e o brandy espanhol são exemplos de brandies feitos a partir do suco fermentado de uvas.

Outros brandies podem ser feitos com o bagaço (polpa, casca e semente) de uvas, depois que se extrai o suco para a produção do vinho; é o caso da grappa (Itália), do marc (França) e da bagaceira (Portugal).

Existem destilados de suco fermentado de outras frutas, como o calvados (de maçã) e o eau-de-vie (de várias frutas silvestres, em especial vermelhas, como o kirsch, feito de cereja).

Por outro lado, o uísque é feito de grãos, assim como a vodca.

Os destilados de vegetais incluem o rum, a cachaça e a tequila.

Destilados de frutas

No século XVI, negociantes holandeses exportavam vinho branco da região de Charente e Charente-Maritime, ao norte de Bordeaux, na França, para o norte da Europa. Durante a viagem, o vinho, além de ocupar muito espaço nas embarcações, frequentemente estragava. Para preservá-lo e reduzir o volume de líquido, decidiram destilá-lo e reconstituir o vinho no destino, acrescentando água. Aconteceu de os consumidores gostarem do líquido destilado, que ficou conhecido como *brandewijn* (em holandês, "vinho queimado"). A corruptela dessa palavra originou o termo inglês *brandy*, que hoje é o nome genérico para qualquer destilado à base de frutas.

No século XVII, passou-se a dar maior atenção a esse destilado, e constatou-se que os brandies melhoravam, quando passavam algum tempo em barris de carvalho; e melhoravam ainda mais, quando eram submetidos à dupla destilação.

"Clarete é bebida para garotos; vinho do porto, para homens; mas qualquer pessoa que tem a esperança de ser um herói tem que beber brandy."

(Samuel Johnson, 1709-1784, escritor inglês)

Brandy espanhol

A produção de brandy, na Espanha, concentra-se nas regiões de Jerez de la Frontera e de Penedès, ambas com sua própria Denominación de Origen (DO).

O vinho-base para o brandy de Jerez é produzido principalmente com a uva branca Airén, cultivada nas regiões espanholas de La Mancha e Extremadura. Por causa da extensão de seus vinhedos, é a uva branca mais plantada no mundo. Outra uva muito utilizada é a Palomino.

A destilação em geral é feita pelos produtores de uva ou pelas cooperativas, utilizando-se alambique contínuo. Eventualmente, para os melhores brandies, é feita uma dupla destilação em alambiques do tipo *pot*.

Depois de destilado, o líquido obtido é levado para Jerez de la Frontera, onde é colocado em barricas de carvalho americano, de 500 litros a 600 litros, usadas no armazenamento de vinho de xerez durante um período de três a quatro anos. O destilado é, então, envelhecido pelo sistema *solera* (foto 9), no qual os mais novos são misturados aos destilados mais velhos.

Desse envelhecimento, obtém-se o brandy de Jerez, de sabor um pouco doce e muito frutado.

O brandy de Jerez possui três categorias:

* *solera* – mais simples, em que o destilado permaneceu, no mínimo, seis meses na barrica;

Foto 9. Sistema solera.

Divulgação Consejo Regulador del Brandy de Jerez

- *solera reserva* – envelhecido, no mínimo, por um ano;
- *solera gran reserva* – envelhecido, no mínimo, por três anos.

Na prática, os melhores Reserva e Gran Reserva são envelhecidos por dez a quinze anos.

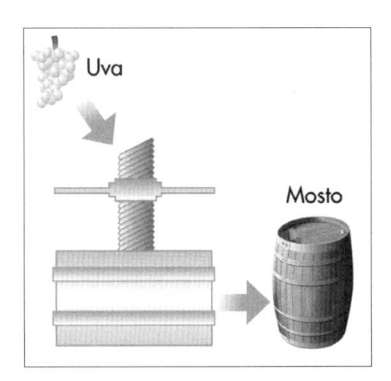

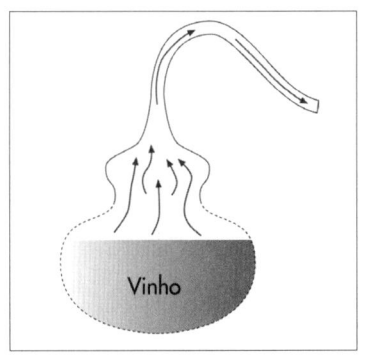
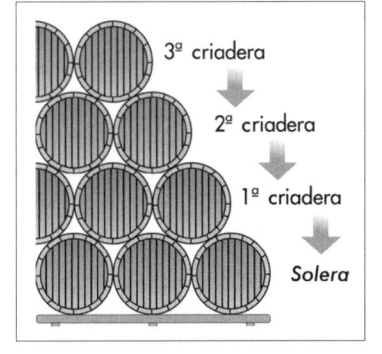

Esquema 4. Produção do brandy espanhol.

Marcas famosas: Fundador, Carlos I, Osborne, Lepanto, Insuperable

O processo usado na produção do brandy de Penedès, utiliza um alambique tipo *pot*. O vinho-base é feito a partir da uva Ugni blanc e das uvas locais, Xarel-lo e Macabeo.

Envelhecido em barricas de carvalho francês, esse brandy é mais rico do que o cognac, mas menos doce e encorpado do que o brandy de Jerez.

Foto 10. Brandies espanhóis.

Marcas famosas: Torres, Osborne, Domecq.

Evidentemente, a Espanha é a grande consumidora desse destilado. Um tradicional costume espanhol é o carajillo: brandy de Jerez vertido em uma xícara de café bem quente.

São também consumidores: Alemanha, México, Estados Unidos e Reino Unido.

No Brasil, seu consumo é baixo em comparação com outros destilados. Aqui, o consumo é associado ao inverno e na forma pura, quando, na realidade, pode ser servido de outras formas, até em coquetéis. Num copo longo com gelo e água tônica, por exemplo, é uma bebida refrescante para o verão.

Foto 11. Carajillo.

Foto 12. Coquetel de brandy.

Cognac

A bebida foi assim denominada em homenagem à principal região de onde vêm as uvas que a compõem.

Tornou-se o mais famoso brandy, tendo denominação especial protegida por lei (Appellation d'Origine Contrôlée). Para assim ser denominado – cognac –, o destilado deve ser elaborado com vinho de uvas brancas cultivadas na região da França delimitada ao redor da cidade de Cognac (mapa 1), e deve ser envelhecido, pelo menos, por dois anos. É por isso que se diz que todo cognac é um brandy, mas que nem todo brandy é um cognac.

A região de Cognac e suas áreas de cultivo

A região de Cognac fica a 120 quilômetros ao norte de Bordeaux, e inclui todo o departamento de Charente-Maritime, parte do de Charente e algumas áreas dos departamentos de Dordogne e Deux-Sèvres. Suas principais cidades são Cognac, no centro da região, Jonzac e Segonzac. Ela foi reconhecida e delimitada por lei em 1909.

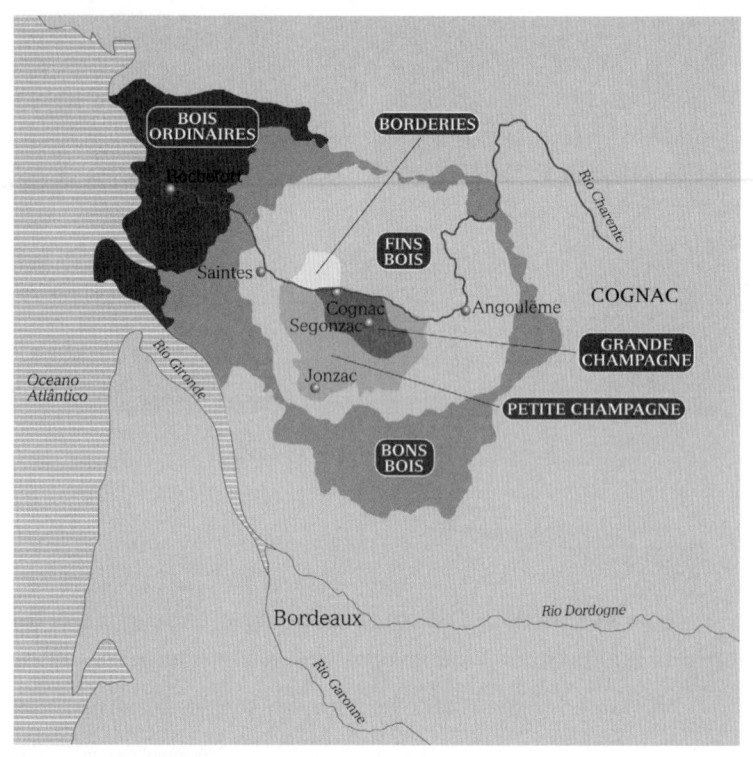

Mapa 1. Região de Cognac.

A região tem clima marítimo, influenciado pelo oceano Atlântico; o sol e a chuva costumam aparecer na época certa, e a temperatura média é de 13,5 °C.

O grande segredo de Cognac encontra-se em seu solo, extremamente rico em calcário misturado com argila. O calcário retém a umidade do solo, e sua cor branca reflete o sol, que ajuda no amadurecimento das uvas. É um solo semelhante ao da região de Champagne, motivo pelo qual se dão os nomes de Grande Champagne e Petite Champagne às áreas que produzem o melhor vinho a ser destilado para originar o cognac.

Outras regiões têm menos calcário, e por isso dão origem a vinhos de menor qualidade para a produção de cognac. Apesar das diferenças de clima e de solo de cada área, e, portanto, de qualidades de cognac, eles são complementares no produto final. É a mistura das diferentes qualidades de cada cognac que dá o seu caráter e gosto individual.

Cognac é a terceira maior região de viticultura da França, cobrindo uma área de 80 mil hectares; é a maior região de cultivo de uvas brancas no país.

Compreende seis áreas especiais:

- *Grande Champagne*

  É o coração da região, com solo composto principalmente de calcário e pouca argila; microclima protegido de mudanças abruptas causadas pelo clima marítimo do oeste e pelo clima continental do leste. Elabora uma bebida leve, fina e extremamente complexa: tem notas florais e frutadas, que se desenvolvem com o envelhecimento.

- *Petite Champagne*

  Área semicircular que envolve a Grande Champagne pelo sul. Tem solo rico em calcário e, apesar de seu clima não ter a proteção que tem o da Grande Champagne, produz cognacs do mesmo nível. Eles têm menos fineza, mas amadurecem mais rápido.

- *Borderies*

  Fica ao norte e a oeste da cidade de Cognac; tem solo com menos calcário. Seu cognac envelhece mais rápido do que o de Champagne, sendo mais encorpado. O destilado tem sabor de nozes e aromas florais de violeta; muito usado pelos produtores como base dos seus melhores cognacs.

- *Fins Bois*

  Maior área de cultivo da *Appellation*, representando 40% da produção e tem vários tipos de solo, sendo que os melhores ficam no nordeste e sudeste da região. Seus cognacs envelhecem rapidamente e são mais encorpados, redondos, frutados e suaves, portanto mais fáceis de ser apreciados que os das regiões de Grande Champagne e de Petite Champagne.

- *Bons Bois e Bois Ordinaires*

  Possuem solos pobres de calcário, e têm pouca importância na produção de um bom cognac.

Produção

Na produção do cognac, a principal uva utilizada é a Ugni Blanc, que amadurece devagar, é bastante resistente às doenças e tem, sobretudo, altos níveis de acidez. Ela produz um vinho neutro, muito ácido e com baixo teor alcoólico (em torno de 8% vol.). Em pequenas proporções, são também utilizadas a Folle Blanche e a Colombard.

As uvas, colhidas no mês de outubro, são cuidadosamente prensadas em prensas horizontais ou pneumáticas, procurando-se evitar danos à sua pele, o que provocaria uma acidez extra e mais amargor; depois, todas as sementes são removidas.

O mosto é fermentado durante duas ou três semanas, e, em seguida, o vinho é destilado. Como o vinho tem teor alcoólico baixo (entre 7% e 8% vol.), são necessários 10 litros de vinho para se produzir 1 litro de cognac.

As regras da *Appellation* determinam que o processo de destilação deve terminar antes de 31 de março do ano subsequente à safra.

Os vinhos devem ser destilados duas vezes num alambique especial de cobre, denominado *charentais* (esquema 5).

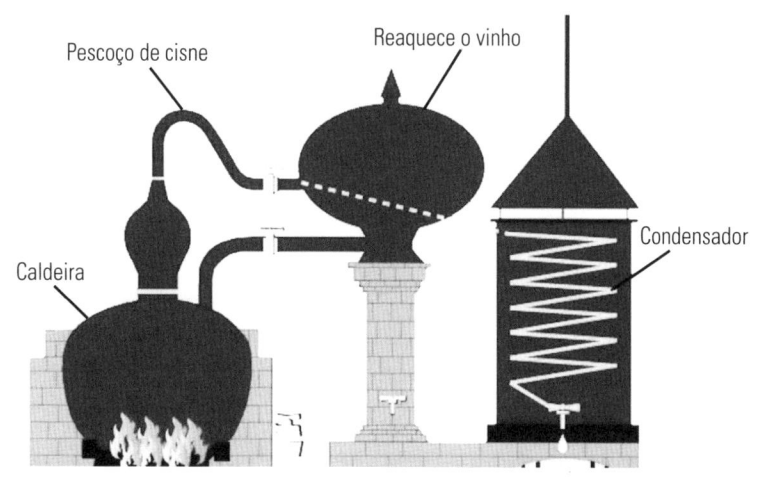

Pescoço de cisne

Reaquece o vinho

Condensador

Caldeira

Esquema 5. Alambique *charentais.*

É o único tipo de alambique permitido; a chama tem contato direto com o cobre da caldeira. O volume de líquido usado em cada destilação não pode exceder 3 mil litros e, por causa da expansão, é limitado a 2,5 mil litros.

Na primeira destilação, que dura de oito a dez horas, o vinho é aquecido diretamente até 80 ºC. O líquido turvo que resulta dessa primeira destilação tem teor alcoólico entre 27% e 30% vol. e denomina-se *broullis.*

Em seguida, o *broullis* é colocado no alambique para uma segunda destilação (*la bonne chauffe*), e inicia-se uma operação delicada. Eliminam-se os primeiros vapores da destilação ("cabeças"), muito ricos em álcool (80% vol.), assim como os vapores finais ("rabos"), com menos álcool (60% vol.). Por possuir substâncias tóxicas, esse líquido não pode ser usado como destilado potável; ele é novamente destilado com o *broullis* do próximo lote.

O líquido claro, retirado do "coração" dessa destilação, com cerca de 70% vol., será envelhecido e originará o cognac.

O envelhecimento do cognac é feito em barris de carvalho das florestas de Limousin e de Tronçais, de 270 litros e de 450 litros, durante um período de, no mínimo, dois anos; em geral, durante muito mais tempo.

A umidade da adega (*chai*, em francês) é muito importante no processo, porque a porosidade da madeira permite a evaporação do líquido, o que terá muita influência no produto final. Quanto mais úmida a adega, menor é a evaporação. Estima-se que cada barril perca, em média, de 3% a 4% de seu volume por ano, perda tradicionalmente chamada "a parte dos anjos". Por causa da evaporação, as paredes úmidas das adegas em geral são recobertas por um fungo preto.

Durante o envelhecimento, o teor alcoólico se reduz naturalmente a mais ou menos 60% vol., e o destilado, antes sem cor, adquire tonalidades do âmbar, seu aroma fica menos agressivo, mostrando leves toques florais e de baunilha.

Depois de dez a vinte anos de envelhecimento, os cognacs de Grande Champagne começam a desenvolver o *rancio*, que os faz lembrar um bolo de Natal, adocicado e cheio de frutas secas; tornam-se muito mais fáceis de beber, ficam leves, suaves e com frescor, apesar dos anos em carvalho.

Classificação

O responsável pela qualidade do cognac é o "misturador" (*blender*), que escolhe os brandies que devem ser misturados (cortados) para produzir o cognac final.

Experiente, esse profissional acompanha o processo de envelhecimento dos diferentes brandies e, com sua habilidade, decide os que serão misturados para manter a consistência do produto final, a combinação de cor, aroma, corpo e sabor.

Antes de ser liberado para o mercado, o cognac tem seu teor alcoólico reduzido a 40%, 45% vol., pela adição de água destilada. Sua cor pode ser ajustada, adicionando-se até 2% de caramelo.

A classificação do cognac é determinada pela idade do brandy mais jovem a entrar no corte. Classifica-se em:

VS (*Very Superior*) ou três estrelas (***)	2 anos
VSOP (*Very Superior Old Pale*)	4 anos
XO (*Extra Old*) ou *Napoléon*	6 anos

- *Grande Fine Champagne* – quando contém 100% de brandies da região de Grande Champagne;
- *Fine Champagne* – quando contém pelo menos 50% de brandies da região de Grande Champagne, e o restante da região de Petite Champagne.

Marcas famosas: Courvoisier, Henessy, Hine, Martel, Remy, Martin, Frapin

Foto 13. Cognacs famosos.

Drink mais conhecido

Alexander

Ingredientes:
2.0 cl Cognac;
2.0 cl creme de cacau;
2.0 cl creme de leite fresco.

Método: *batido*

Copo: *taça cocktail*

Modo de fazer: colocar todos os ingredientes na coqueteleira com gelo, agitar bem e coar para taça refrigerada. Salpicar com noz moscada ralada na hora.

Armagnac

O armagnac, segundo brandy mais famoso produzido na França a partir de uvas, é mais antigo que o cognac, datando do século XII.

Seu desenvolvimento deve-se também aos holandeses, que passaram a destilar o vinho branco no sudoeste da França, mais para o interior, a fim de evitar um embargo – imposto pelos ingleses – de navegação pelo rio Garonne de quaisquer navios carregados com vinhos não procedentes de Bordeaux.

A intenção deles era reconstituir o vinho na chegada à Holanda. E como ocorreu com o cognac, descobriram, por acidente, que o líquido acondicionado em barris de carvalho adquiria aroma e sabor muito agradável, não sendo necessário acrescentar água.

Regiões de cultivo

No começo do século passado, a região de produção do armagnac foi organizada por um decreto que delimitava a zona e, em 1936, foi classificada como Appellation d'Origine Contrôlée.

Situada a 150 quilômetros ao sudeste de Bordeaux, fica na Gasconha, sudoeste da França, que hoje tem grande fama gastronômica (mapa 2).

Tem clima mais quente que a região de Cognac, e sofre menos influência marítima, por estar protegida pelas florestas dos Landes. O clima, porém, é ameno, por causa do vento que vem do leste, denominado Autan.

Seus 15 mil hectares de vinhedos distribuem-se em três regiões:

- *Bas-Armagnac*

  A oeste, possui uma rica camada de solo, chamada *boulbène*, acima da areia e da argila. É cercada por uma floresta de carvalhos e pínus. A principal uva é a híbrida Folle Blanche, que possui baixo teor alcoólico e alta acidez.

- *Ténarèze*

  No centro, possui um solo misto de *boulbène*, argila e calcário. Seus brandies apresentam sabor mais frutado, que, com o tempo, melhora.

- *Haut Armagnac*

  Fica a leste e ao sul, possui um solo rico em calcário e argila. A qualidade do vinho é superior; muitos não são destilados e sim engarrafados como vinho, por poderem ser vendidos como tal.

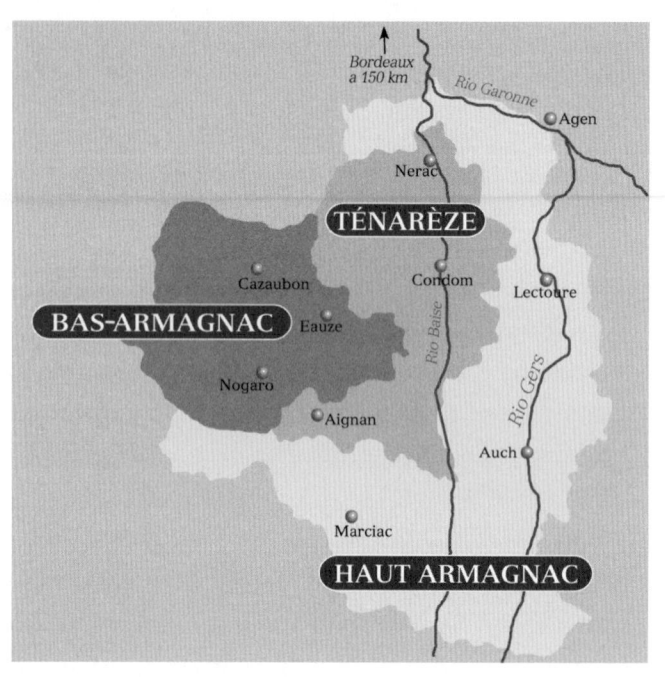

Mapa 2. Região de Armagnac.

Produção

As uvas utilizadas na produção do armagnac são:

- *Ugni blanc* – representa 55% da produção da região e, em termos de destilação, é melhor, pois seu vinho tem alta acidez e baixo teor alcoólico;

- *Folle blanche* – também conhecida como Picpoule, dominou a produção de armagnac, antes dos ataques de filoxera, e, como vimos, produz um brandy com aromas florais;

- *Colombard* – usada na elaboração de vin de pays e em vinhos da Côte de Gascogne – os quais são destilados somente quando se pretende aroma de especiarias – que são misturados com outros brandies para fazer o armagnac.

As regras de produção do armagnac são semelhantes às do cognac, ou seja, o vinho tem que ser destilado até 31 de março do ano seguinte à colheita.

A maioria dos armagnacs é destilada uma única vez no alambique *armagnacal* (esquema 6), que é do tipo contínuo, e trabalha a temperaturas relativamente baixas.

As "cabeças" e os "rabos" são removidos, e o teor alcoólico do "coração" fica ao redor de 60% vol., menor do que o de um alambique *pot*, mas com mais sabor, aroma e personalidade, por causa dos congêneres que permanecem.

Não existem grandes produtores de armagnac, e muitos deles dependem do alambique móvel (foto 14), que passa de fazenda em fazenda para destilar o vinho. Existem muitas cooperativas de produtores.

O envelhecimento do armagnac e o do cognac divergem nos tonéis utilizados. Os de armagnac, de 400 litros e 420 litros, são feitos de um carvalho preto da própria região da Gasconha (Monlezun). Esse carvalho é responsável pela coloração mais escura do destilado. À medida que o líquido evapora, ele oxida, absorve aromas da madeira, como de baunilha e de ameixa; sua cor varia do âmbar até o mogno, não sendo preciso acrescentar caramelo, como se faz no cognac.

Após o envelhecimento, brandies de origens e idades diferentes são misturados, e o teor alcoólico é ajustado pela adição de água destilada até atingir 40% vol.

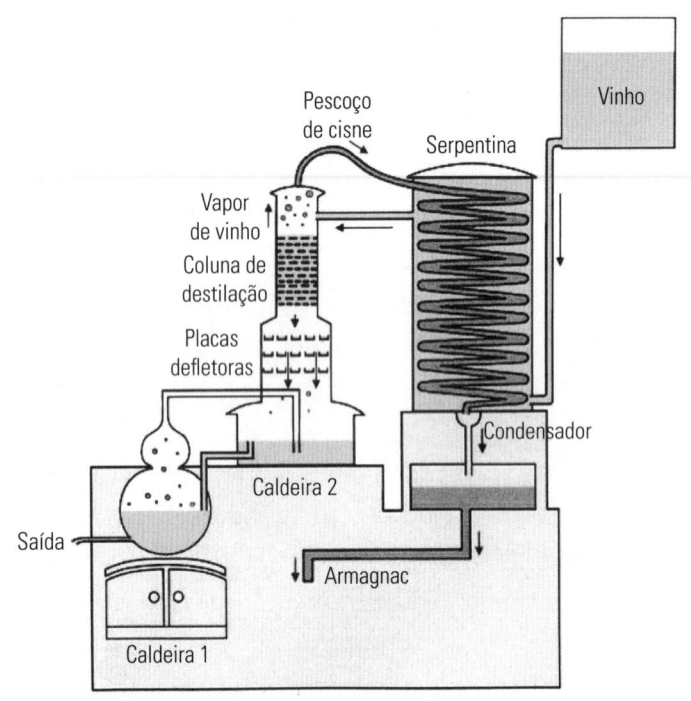

Esquema 6. Destilador usado para obtenção de Armagnac.

Foto 14. Alambique móvel.

Classificação

A classificação é semelhante à do cognac; refere-se à idade do brandy mais jovem usado na mistura. Veja:

VS ou três estrelas (***)	2 anos
VSOP	5 anos
XO	6 anos
Hors d'Age	acima de 10 anos
Vintage (de uma única safra que deve constar no rótulo)	

Existem armagnacs:

- *vintage* – de determinada safra. Normalmente, ficam em carvalho preto por quarenta ou mais anos, após os quais não melhoram. São, então, transferidos para garrafões de vinho, antes do engarrafamento;
- *varietais* – destilados somente de vinhos das uvas Ugni blanc, Colombard ou Folle blanche.

Marcas famosas: Castarède, Caussade, De Montal, Larrendigle, Laubada, Sempe

Foto 15. Armagnac famosos.

Pisco

Brandy cujo grande consumo concentra-se no Peru, Chile e na Bolívia. Originário da região andina, sua paternidade é disputada por peruanos e por chilenos. O mais provável é que tenha nascido no Peru, uma vez que seu nome deriva da língua quíchua, falada pelos incas no Peru pré-colonial. *Pisccu* era o nome de um pássaro que habitava a região.

No Peru, a região produtora fica ao sul de Lima, no vale de Ica. No Chile, na região demarcada do vale do Elqui. Apesar de terem o mesmo nome, o pisco peruano é diferente do chileno em muitos aspectos. A base é a mesma: vinho destilado de uvas – as uvas são fermentadas, o vinho é aquecido em um alambique para evaporar o álcool e depois condensá-lo. A primeira diferença são as uvas. Existem variedades comuns, como a Itália, do Peru, que seria a Moscatel de Alexandria chilena, ou a Torrontel, cuja denominação é igual nos dois países. Mas a uva Quebranta, base dos mais tradicionais piscos peruanos, não existe no Chile. Por outro lado, a ideia de piscos varietais está fortemente assentada no Peru, sendo que os "puros" levam sempre o nome da variedade com que foram feitos; no Chile, é habitual a mistura de cepas. Outra diferença é o uso de madeira: no Peru, considera-se que qualquer elemento externo às uvas distorce a expressão da cepa e, por isso, os piscos peruanos jamais são colocados em barricas. Após o vinho ser destilado, é guardado em vasilhas de aço, de plástico ou nas tradicionais "botijas de greda", para logo ser engarrafado. No Chile, usam-se barricas, em geral de carvalho americano, sobretudo quando se trata de pisco *premium*. Para baixar o teor alcoólico originado da destilação, no Chile se agrega água convenientemente tratada. Para os peruanos, isso é uma aberração, porque distorce o caráter do destilado. Assim, eles somente selecionam a porção que se ajusta, ou pode se ajustar, aos teores alcoólicos que deve ter seu pisco.

Atualmente, os piscos têm duas aplicações: os elaborados industrialmente são usados na coquetelaria (como os famosos *pisco sour*) e os feitos artesanalmente, por processo tradicional, para consumidores mais exigentes. O peruano tomado puro é chamado "fur" e deve ser consumido em taças de degustação.

Marcas famosas: do Peru – Ocucaje, Viejo Tonel, Don Isidoro, Don Zacaria, CuatroGallos; do Chile – Capel (Cooperativa Agricola Pisqueira Elqui), Tres Erres, Control, Campanar, Mistral e Baizá.

Foto 16. Piscos famosos do Chile (Capel e Control) e Peru (Ocucaje).

Drink mais conhecido

Pisco Sour

Ingredientes:

2.0 cl de pisco;

3.0 cl de suco de limão;

1 colher de chá de açúcar;

¼ de clara de um ovo;

Gelo.

Método: batido.

Copo: taça cocktail.

Modo de fazer: coloque todos os ingredientes no liquidificador e bata com gelo, em velocidade baixa. Ao servir, o copo deve ficar com 1/4 de espuma.

Grappa

A Itália produz esse brandy desde o século XVI, apesar de não ter regiões de produção específicas como a França e a Espanha. É uma bebida que foi tradicionalmente feita pelos produtores de vinho para consumo próprio; dizia-se que era boa para se esquentar no inverno.

A grappa, como o marc francês, é um brandy feito do bagaço de uvas prensadas e fermentadas. Como as cascas e as sementes são sólidas, para que não queimem, elas são colocadas em cestas e submetidas à vaporização; o líquido resultante é denominado *flemma*.

A destilação é feita normalmente em pequenos alambiques contínuos, mas, às vezes, usam-se alambiques do tipo *pot*. Hoje, na Itália, é difícil, mas podem ser encontradas grappas artesanais feitas por produtores de vinho. As grappas modernas são facilmente encontradas em supermercados, e as *tops* de linha, em geral, em restaurantes famosos.

Seu teor alcoólico varia entre 40% e 50%. Na Itália, costuma-se servi-la misturada ao café (*caffé corretto*) ou como digestivo, um pouco resfriada em taças no formato de tulipa. Empregada também como ingrediente nas cozinhas regionais de Vêneto, Friuli ou Piemonte, para realçar molhos, marinadas e sobremesas.

Existem os seguintes tipos de grappa:

- *giovane* – armazenada durante seis meses em tanques de aço inoxidável, depois da destilação. É incolor e concentra aromas e sabores naturais da borra do vinho que foi destilado;

- *invecchiata* – envelhecida durante meses, ou até anos, em barris de madeira, tornando-se bem suave e adquirindo a cor âmbar;

- *varietal* – feita de uma única variedade de uva, como Nebbiolo, Barbera, Sangiovese, Arneis, Moscato, entre outras. Essas grappas trazem no rótulo a varietal de que foram feitas. Trata-se de bebida muito sofisticada e mais suave. As grappas varietais, envelhecidas em barris de madeira de cerejeira do Friul, estão entre as mais procuradas da Itália.

Por lei internacional, a grappa deve ser feita na Itália, com uvas cultivadas no país. Assim, produtores de outras regiões do mundo, como África do Sul e Brasil, não têm o direito de assim chamar seu produto feito de bagaço de uvas.

> *Marcas famosas: Bottega, Ceretto, Nonino, Carpenè Malvoti e Bocchino*

Foto 16. Grappas famosas.

Brandies de frutas

Calvados

A Normandia, região norte da França, é uma das poucas regiões do país que não produz vinho. É, porém, cheia de macieiras e pereiras, e determinados tipos de maçãs e peras são usados para se fazer uma bebida fermentada, a sidra, da qual se produz, por destilação, o calvados.

As maçãs adequadas para a produção da sidra são diferentes das adequadas para se comer; soltam mais facilmente o suco, quando comprimidas. Existem 48 tipos de maçãs permitidas na produção da sidra; e elas são classificadas em quatro grandes tipos: doces, ácidas, agridoces e azedas.

Para se fazer uma boa sidra, misturam-se diferentes tipos de maçã, e até se acrescentam peras. As frutas, cuidadosamente selecionadas, lavadas e moídas, são comprimidas para extração do suco.

Esse suco é fermentado por três meses, sob a ação de leveduras cultivadas ou naturais. Por lei, a sidra deve ter teor alcoólico, no mínimo, de 4,5% vol., sendo proibido o acréscimo de qualquer açúcar para elevar esse teor.

Entre Saint-Malo e o rio Somme, as sidras são destiladas para se fazer o calvados, outro importante destilado de frutas francês.

Áreas de produção

Em 1942, o calvados passou a ter suas Appellations Contrôlées e, em 1963, foram estabelecidas as áreas e os métodos de sua produção, além do tipo de alambique a ser utilizado.

A sidra pode passar por uma dupla destilação em alambiques *pot* ou em alambiques contínuos. Na saída do alambique, o destilado é incolor, com teor alcoólico entre 68% e 72% vol. Pelo acréscimo de água destilada, esse teor é baixado para 40% e 45% vol.

Em seguida, o destilado é envelhecido em tonéis de carvalho novos para adquirir uma cor de tons dourados; e, depois, é transferido para tonéis usados, onde fica durante vários anos, como ocorre no envelhecimento do cognac e do armagnac.

Existem três Appellations Contrôlées de calvados:

- *Pays d'Auge*

  Região delimitada de Vallée d'Auge, a leste da cidade de Caen. Representa a excelência desses destilados, graças à qualidade de sua sidra e do método de destilação utilizado (duas vezes em alambique de tipo *pot*). As maçãs têm que ser da região.

- *Calvados*

  Inclui grande parte da Baixa Normandia. Aí, a destilação da bebida é feita em alambiques contínuos, uma única vez. Pode incluir peras.

- *Domfrontais*

  Estabelecida em 1997. Só pode destilar sidra da região e tem que incluir 30% de sidra de pera. A destilação é feita em alambique contínuo, com fogo direto, uma única vez. Diferente do calvados das outras regiões, este tem que ser envelhecido no mínimo por três anos.

Classificação

Em geral, misturam-se calvados de diferentes idades e origens para se compor a bebida. A sua classificação é determinada pelo calvados mais novo do corte. E é a seguinte:

Fine ou três estrelas (***)	2 anos
Vieux ou Reserve	3 anos
VSOP ou Vielle Reserve	4 anos
XO ou Hors d'Age	6 anos

Existem também calvados tipo *vintage*, que são destilados de sidra de um único ano.

Normalmente, o calvados é servido após a refeição, para facilitar a digestão. Na Normandia, por tradição, ainda se oferece a bebida na metade da refeição, para provocar no estômago das pessoas o chamado *trou normand* (em português, "buraco normando"). O objetivo seria preparar o estômago, já parcialmente satisfeito, para receber novas delícias.

Foto 18. Calvados famosos.

Marcas famosas: Père Magloire, Berneroy, La Ribaude, Boulard, Sylvain, Chateau de Breuil e Domaine Dupont.

Eaux-de-vie

São destilados incolores, de fermentados de qualquer fruta, principalmente de frutas vermelhas.

Os eaux-de-vie podem ser feitos de duas maneiras:

- com frutas que têm bastante açúcar: elas são esmagadas, prensadas e deixadas para fermentar naturalmente em tanques por até duas semanas. A seguir, amadurecem em tanques fechados por seis semanas, procurando-se a concentração de sabor no líquido;

- com frutas com pouco açúcar que não têm condições de produzir um fermentado de razoável teor alcoólico: elas são colocadas para macerar com álcool neutro, de teor alcoólico mínimo de 50% vol., procurando-se extrair seu sabor e aroma. Em geral, usam-se 25 litros de álcool para 100 quilogramas de fruta.

Em ambos os casos, o líquido é destilado em um alambique do tipo *pot*, em geral uma única vez.

No início, os alambiques utilizados tinham pequena capacidade (50 litros), e eram aquecidos diretamente pela chama. Os atuais têm capacidade de 200 litros e são aquecidos por caldeira.

Os eaux-de-vie têm aroma da fruta e sabor intenso. Para ficarem incolores, são envelhecidos em garrafões de vidro, recipientes de cerâmica, barricas de madeira vitrificadas ou cubas de aço inoxidável, antes de serem engarrafados para comercialização.

São destilados secos e suaves e, normalmente, devem ser bebidos frescos, como digestivo, mas nunca com gelo. Além de serem usados na preparação de drinques, na culinária servem para flambar e são o ingrediente obrigatório do *fondue* de queijo.

A Alsácia é a única região francesa com cultura específica dos eaux-de-vie. Há outros lugares da França com um ou dois exemplos isolados, mas é a Alsácia-Lorraine a única região onde há grande produção desse destilado.

Há, inclusive, uma cultura da melhor maneira de degustá-lo e até histórias sobre suas características terapêuticas. Para a degustação, recomenda-se que se deve sentir o aroma rapidamente e deixar de lado. Se não se identificar a fruta usada, deve-se passar para o próximo. Não se deve insistir em cheirar os eaux-de-vie, pois, como qualquer bebida com teor alcoólico alto, pode amortecer os bulbos olfativos.

Esse brandy é também produzido na Alemanha, nos cantões suíços de língua alemã e no Leste Europeu.

Os eaux-de-vie mais conhecidos são:

Fruta	Eaux-de-vie	País
Cereja	Kirsch	França
Cereja	Kirschwasser	Alemanha
Damasco	Abricot	França
Damasco	Barack Palinka	Hungria
Groselha preta	Cassis	França
Ameixa	Mirabelle	França
Ameixa	Slivovitz	Europa Oriental e nos Bálcãs
Pera	Poire William	França
Framboesa	Framboise	França
Framboesa	Himbeergeist	Alemanha

Alguns eaux-de-vie especiais vêm com a fruta dentro da garrafa. É o caso da Poire William, um eau-de-vie caro, por causa da complexidade de se conservar a pera dentro da garrafa.

Foto 19. Eaux-de-vie especiais.

Destilados de grãos

O mais importante de todos os destilados de grãos (e pode-se argumentar, de todos os destilados) é o uísque (*whisky*).

O nome *whisky* vem da expressão gaélica *uisge beatha,* que, em latim, significa *aquae vitae* ("água da vida"). O gaélico é a língua dos nativos da Escócia e da República da Irlanda, ainda falada por algumas pessoas nesses países.

É chamado scotch whisky, se for destilado e envelhecido em barris de carvalho na Escócia durante, no mínimo, três anos, conforme definido por lei. É importante destacar que a palavra *whiskey* é reservada para uísques elaborados fora da Escócia.

Na Escócia, são produzidos dois tipos de uísque bem diferentes um do outro:

- *uísque de malte (single malt)* – feito exclusivamente de cevada malteada, e destilado em alambique tipo *pot*;
- *uísque de grãos (grain whisky)* – feito principalmente de milho ou, eventualmente, de trigo, acrescido de cevada malteada, e destilado em alambique contínuo.

A principal diferença entre o uísque da Escócia (whisky) e o dos outros países (whiskey) é que este último, em sua maioria, é produto de uma única destilaria; já o escocês, desde meados do século XIX, em sua maioria, é o resultado de uma mistura (*blending*) de uísques de várias destilarias.

Escócia

História do uísque escocês

Na Escócia, a primeira menção escrita ao uísque foi feita em 1494, em um documento de impostos, que fala de "oito barris de malte para o padre John Corr", o que demonstra a ligação da bebida com os monges e monastérios. Mas é provável que, muito tempo antes, o uísque tenha sido produzido para fins medicinais.

Durante o século XVIII, o uísque da Escócia era feito em casas residenciais por pequenos fazendeiros, que cultivavam a matéria-prima, a cevada; eles sabiam aquecer o alambique, usavam carvão vegetal (turfa) como combustível e tinham água em abundância.

Como os ingleses queriam impor impostos sobre a bebida, a destilação passou a ser clandestina, portanto, ilegal. Mesmo assim, ela era produzida e contrabandeada para a Inglaterra, onde era razoavelmente popular, apesar de ser considerada muito forte e nada suave. Isso se devia ao fato de ser consumida direto como saía do alambique – sem nunca ser envelhecida. Talvez houvesse a adição de alguma substância para melhorar o sabor.

Em 1823, a destilação do uísque foi liberada mediante o pagamento de uma licença ao governo inglês. Deixou, portanto, de ser ilegal, mas continuou sendo a bebida mais apreciada pelos escoceses, que não se importavam com o gosto áspero e pouco agradável.

Até 1826, a destilação era feita em um alambique do tipo *pot*, num processo de partes (lotes). Em 1831, o irlandês

Aeneas Coffey desenvolveu um alambique contínuo, feito de duas colunas verticais (esquema 7): uma delas, o destilador, e a outra, o retificador. O método contínuo permitiu a produção de um uísque mais neutro e mais leve, usando matéria-prima mais barata, como cevada não malteada, milho e trigo.

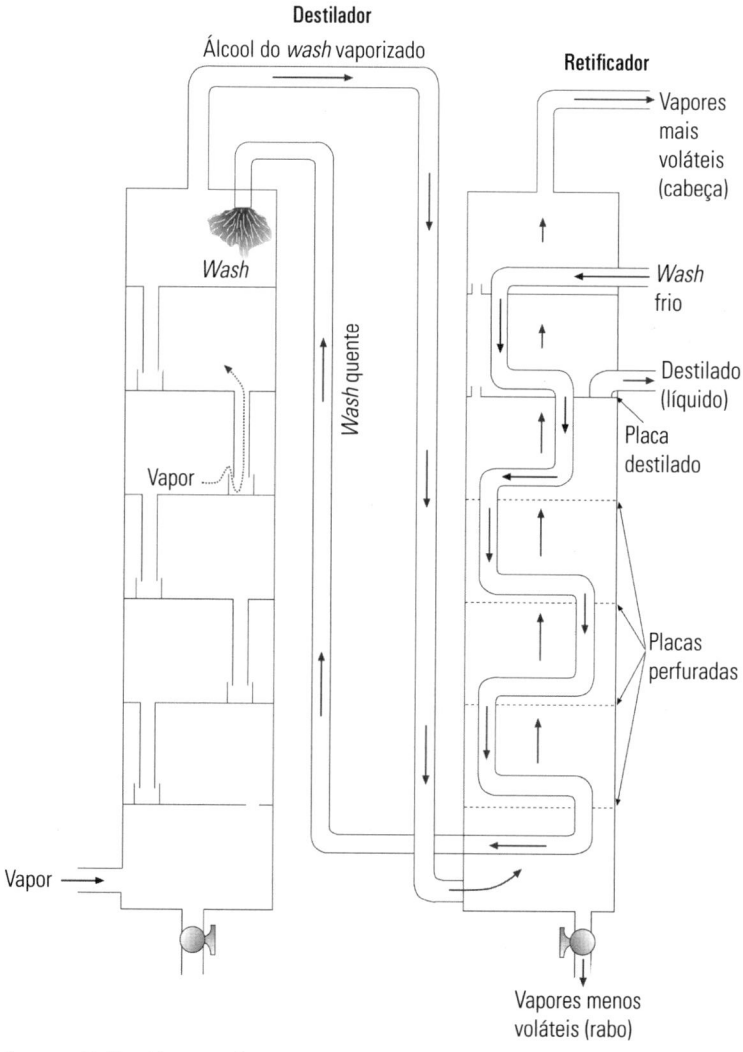

Esquema 7. Alambique contínuo.

No final do século XVIII e início do século XIX, na Escócia, o barril de uísque era vendido aos comerciantes de grandes cidades, como Glasgow, Aberdeen e Edimburgo, que, para melhorar o produto final, começaram a misturar uísques de barris diferentes. Essa prática foi oficialmente reconhecida em 1853, quando foi sancionada uma lei que permitia a mistura de uísques de barris diferentes e de idades diferentes. Nomes de comerciantes dessa época viraram depois marcas mundialmente conhecidas de uísque escocês, como Johnnie Walker, George Ballantine e os irmãos Chivas.

Em 1860, Andrew Usher misturou uísques de malte com os de grãos para produzir uma bebida mais leve e mais aceitável ao paladar dos ingleses do que o do puro malte. Ele fundou uma companhia, comprou a produção da destilaria Glenlivet e passou a vender uísque internacionalmente. Essa companhia chamou-se North British Distillery Company, que, anos depois, se transformou na International Distillers, que, hoje, faz parte da maior companhia de bebidas do mundo – a Diageo.

Outro acontecimento que ajudou muito no desenvolvimento da produção de uísque, principalmente na Inglaterra, e também na França, foi o problema com a praga da filoxera, doença que afetou os vinhedos franceses no final do século XIX. Por causa da escassez de vinho e, consequentemente, do cognac, o uísque adquiriu importância tomando o lugar daqueles. Isso também se deveu graças à invenção de Andrew Usher e ao início do envelhecimento do uísque em barris de carvalho, o que tornou seu paladar muito mais agradável e suave, e, portanto, mais adequado ao paladar dos ingleses. Os franceses começaram a beber uísque, tanto que, até hoje, é uma bebida muito popular na França, mais do que seu próprio destilado de uva, o cognac.

Por quase cem anos, a popularidade do scotch whisky baseou-se nos uísques misturados, como Johnnie Walker,

Chivas Regal, Black and White e muitos outros. Na década de 1990, porém, o mundo descobriu algo que os escoceses já sabiam há muitos anos: o single malt é uma bebida muito gostosa e com muito mais personalidade do que 90% dos uísques misturados que existem no mercado.

Fatores que influem no uísque

Há muitos fatores que influem na qualidade do uísque escocês. De certa maneira, são típicos da Escócia, daí a fama e a aceitação do scotch whisky em relação aos demais uísques.

CLIMA

O clima, relativamente frio e úmido, é ideal para o cultivo de cevada e trigo. Essas condições são também excelentes para o envelhecimento do uísque. A evaporação nos barris é bem mais lenta – cerca de 2% ao ano – do que em climas mais quentes. O teor alcoólico diminui, e isso, associado à alta umidade do ar, provoca a oxidação da bebida, conferindo-lhe sabores e aromas florais e frutados.

SOLO E ÁGUA

O solo da Escócia é bastante variado. As formações rochosas variam de granito – extremamente duro, que não transfere seus minerais à água – ao arenito – que se dissolve na água – e ao vulcânico.

A Escócia possui, principalmente na região Norte, centenas de rios de águas puras, frias e cristalinas, que ocorrem rápido o ano inteiro.

O principal ingrediente do uísque é a água e sua importância no produto final deve ser considerada; é usada para iniciar a germinação da cevada, para produzir o mosto, esfriar os alambiques e diluir o destilado antes do engarrafamento.

Foto 20. Rio da Escócia cuja água é apropriada para a fabricação de uísque.

Urze

Arbusto com flores, que podem ser brancas ou rosas, existente em abundância na Escócia, sempre perto de destilarias. A água que escorre por ela influi no aroma e no sabor do uísque. Após lenta decomposição, e urze se transforma em um carvão vegetal escuro, a turfa.

Foto 21. Urze.

Turfa

Tipo de carvão vegetal não endurecido, oriundo da decomposição da urze. Mais de 12% da superfície da Escócia é recoberta com esse material. Ele foi originalmente usado na secagem da cevada verde e no aquecimento dos alambiques. Influencia o gosto final do uísque de duas maneiras. Primeiro, pela água que corre sobre ela e agrega o seu gosto, que é transferido ao uísque. Segundo, pela fumaça desprendida, que, ao ser queimada para a secagem, adere à cevada, originando um aroma e gosto defumado, facilmente notado em alguns uísques escoceses.

Foto 22. Turfa.

Foto 23. Aquecimento da turfa.

Influência marítima

A influência do mar é mais nítida nos uísques produzidos em ilhas da Escócia.

Próximos ao mar, os barris com a bebida estão frequentemente sujeitos à cerração e recebem a influência das brisas marítimas com seus aromas, de salgado e de algas marinhas. Submetida a um longo envelhecimento nas baixas temperaturas, a bebida nos barris absorve esses aromas. Uma alga marinha marrom, a *kelp*, era fonte de iodo e, portanto, alguns uísques apresentam aromas de iodo.

Foto 24. Influência marítima.

Regiões escocesas produtoras

Na Escócia, existem cinco principais regiões produtoras de uísque, cada uma delas com suas próprias características (mapa 3).

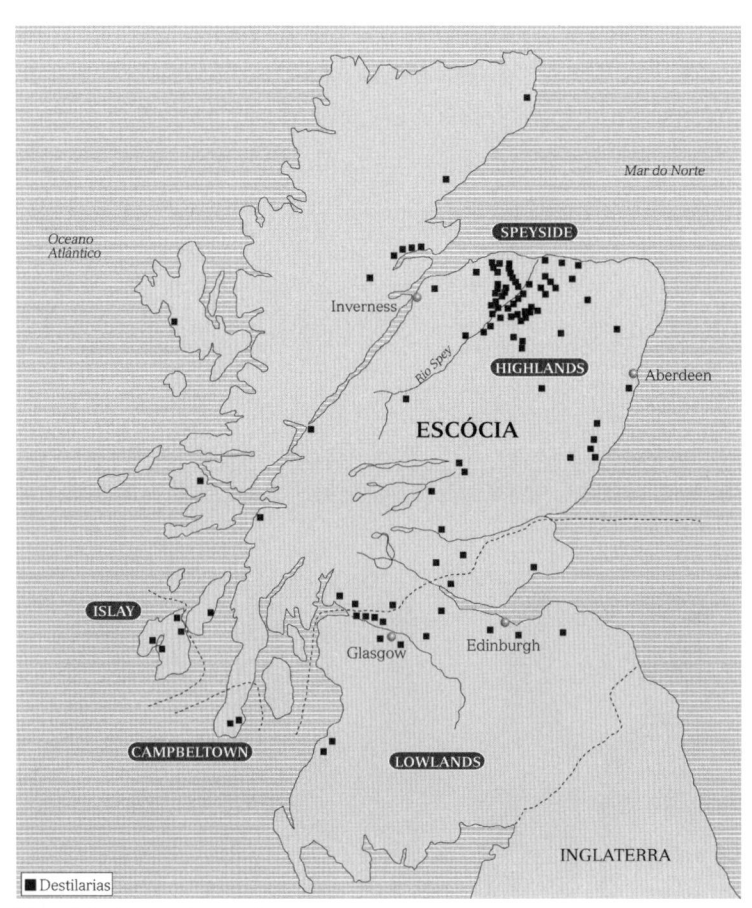

Mapa 3 Regiões produtoras de uísque.

Speyside

Situada no nordeste da Escócia, é a mais famosa região do mundo na produção de uísque.

A maioria das destilarias aí se localiza, ao longo dos rios Livet, Lossie, Spey e Fiddich, que fluem para o norte e são famosos pela pureza de suas águas. As nascentes desses rios ficam em terrenos graníticos e suas águas permeiam a turfa nas montanhas, o que dá certo sabor defumado ao uísque escocês.

O vale do rio Livet é o coração da região, com mais de vinte destilarias. Os uísques são frutados, florais e leves, com aroma defumado e final doce e suave; são muito elegantes.

O rio Lossie atravessa os campos férteis, famosos pela sua cevada, e seus uísques têm sabor de malte, são defumados e encorpados.

O rio Spey é o que tem maior número de destilarias; seus uísques são encorpados e oleosos, com um final longo.

> *Marcas famosas:* Dallas Dhu, Glen Elgin, Dalwhinnie, Cragganmore, Cardhu, The Macallan, Glen Grant, Knockando, Aberlour, The Glenlivet, Strathisla, The Balvenie, GlenMoray, Cardhu

Foto 25. Single malts.

Highlands e Islands

As terras altas (Highlands) – região montanhosa que se situa no norte da Escócia – têm algumas destilarias que produzem um uísque encorpado e oleaginoso, com muito sabor, influenciado, sobretudo, pelo malte e pela turfa; alguns mostram tons florais no final.

Nessa região, existem uísques, como o Glenmorangie, leves, limpos, secos, com tons florais e um final longo e suave, e outros, como o Dalmore, muito encorpados, com tons de laranja no sabor e um longo final agridoce.

As ilhas (Islands) são formadas pelas ilhas de Jura, Mull, Skye e Orkney, pequenas e com poucas destilarias. O uísque produzido varia do leve ao encorpado, tem sabor seco, mas com um final adocicado. Alguns têm ligeiro aroma de algas marinhas e pimenta, com leve sabor de turfa.

Na ilha de Skye, é feito o famoso licor de uísque, o Drambuie.

Marcas famosas:
Talisker, Tobermory, Isle de Jura, Glengoyne, Glenmorangie, Dalmore, Balbblair, Blair Athol

Foto 26. Single malts.

Islay

Islay (que se pronuncia "aile") é uma pequena ilha na costa sudoeste da Escócia que abriga oito destilarias. O sabor e o aroma fortes do uísque aí produzido devem-se ao mar e à turfa.

A ilha é basicamente composta de turfa, e sua influência sobre o produto final deve-se tanto à água que permeou o solo quanto ao uso, para aquecer os alambiques, da própria turfa, que produz muita fumaça. Os ventos do mar sopram carregados de sal e aroma das algas marinhas, que conferem sabor de iodo ao uísque.

Marcas famosas:
Ardbeg, Caol Ila,
Laphroaig, Lagavulin

Foto 27. Single malts.

Lowlands

As terras baixas não têm a imagem típica da Escócia, de montanhas cobertas de urze e rios de águas cristalinas. Ficam ao sul do país, onde o clima é um pouco mais ameno.

É a maior região escocesa produtora de uísque de grãos (*grain whisky*). Os single malts são leves, pouco turfados, ligeiramente frutados e adocicados, e muito fáceis de serem bebidos. São muito usados nas misturas, em virtude de não terem gosto muito acentuado.

Marcas famosas: Auchentoshan, Rosebank, Cameronbridge (grãos), North British (grãos)

Foto 28. Single malts.

Campbeltown

Situada no extremo sudoeste do país e cercada dos três lados pelo mar, é a menor de todas as regiões produtoras de uísque da Escócia.

Na época da Segunda Guerra Mundial, graças à sua posição estratégica, teve grande importância, despachando a bebida para todas as partes do mundo. Chegou a ter trinta destilarias. Hoje, no entanto, como é uma área distante, sem navios de linha, sobrevivem apenas duas, com marcas próprias de single malt: Glen Scotia e Springbank.

Produção de uísque de malte

A produção de uísque de malte pode ser dividida em cinco etapas:

- O amido dos grãos de cevada não contém açúcar naturalmente, e deve ser transformado em açúcar antes de começar a fermentação. A cevada é umedecida em tanques, dois a três dias, para ser germinada. Durante esse período, a água é trocada de duas a três vezes.

Foto 29. Cevada colocada para germinar.

Foto 30. Forno aquecido por turfa.

A seguir, é espalhada no chão, para arejar, e mexida regularmente, para se controlarem a temperatura e o tempo de germinação, que dura de oito a doze dias. Quando começa a brotar, é colocada em fornos aquecidos por coque (carvão mineral) e turfa. A cevada, então, transforma-se em malte, e a fumaça da turfa lhe agrega um sabor peculiar. Atualmente, poucas destilarias fazem seu próprio malte; elas o compram de companhias especializadas que o produzem tanto para destilarias como para cervejarias, com vários níveis de torrefação.

- O malte é peneirado, moído e misturado com água quente, dentro de uma tina (*mash tun*), para extrair o açúcar. A água, cada vez mais quente, é de novo misturada com a borra da cevada, visando maior extração de açúcar. Normalmente, são feitas três trocas de água. A solução resultante é o mosto (*wort*).

- Depois de resfriado, o mosto é colocado em um tanque especial aberto – que, originalmente, era de madeira –, o tanque de fermentação (*wash back*), onde são adicionadas as leveduras. Inicia-se a fermentação, que, após 48 horas, origina um líquido de teor alcoólico ao redor de 12% vol., o *wash*. Além do álcool, o líquido contém outras substâncias, denominadas congêneres, que influem no sabor e na qualidade

Foto 31. *Wash back (tanque de fermentação)*..

da bebida. São, por exemplo, ácidos, que deixam o líquido encorpado; ésteres, que são aromáticos e lhe conferem aromas florais, etc.

Foto 32. Adição de levedura.

Foto 33. Alambique para destilação de uísque.

Foto 34. Envelhecimento do uísque.

- O *wash* é destilado duas ou três vezes num alambique do tipo *pot*. A primeira destilação separa o álcool do líquido fermentado, elimina as leveduras remanescentes e a parte não fermentável. O líquido, com teor alcoólico de 30% vol., passa para uma segunda destilação. Nela, obtêm-se as três partes: "cabeças" (*foreshots*), "coração" (*heart*) e "rabos" (*feints*). Como já sabemos, as cabeças (primeiros e mais voláteis vapores a se condensarem) e os rabos (últimos e menos voláteis vapores) não são usados; eles são acrescentados ao próximo lote a ser destilado. O coração tem teor alcoólico de aproximadamente 70% vol. e, na Escócia, é chamado *british plain spirit*.

- Todo uísque tem que ser envelhecido em barris de carvalho por, no mínimo, três anos. Tradicionalmente, são usados barris de carvalho americano que já envelheceram vinhos de xerez ou os que envelheceram outro tipo de uísque, o bourbon, feito nos Estados Unidos. Esses tipos de barris têm um grande efeito na qualidade final do uísque. Os barris que provêm do xerez conferem um sabor frutado, e tornam o produto final mais encorpado e mais escuro. Os barris de bourbon conferem um sabor de baunilha e de especiarias, originando um uísque mais leve e suave.

- É interessante notar que 2% do conteúdo de cada barril é evaporado por ano – fenômeno conhecido como *Angels Share* (parte dos anjos).

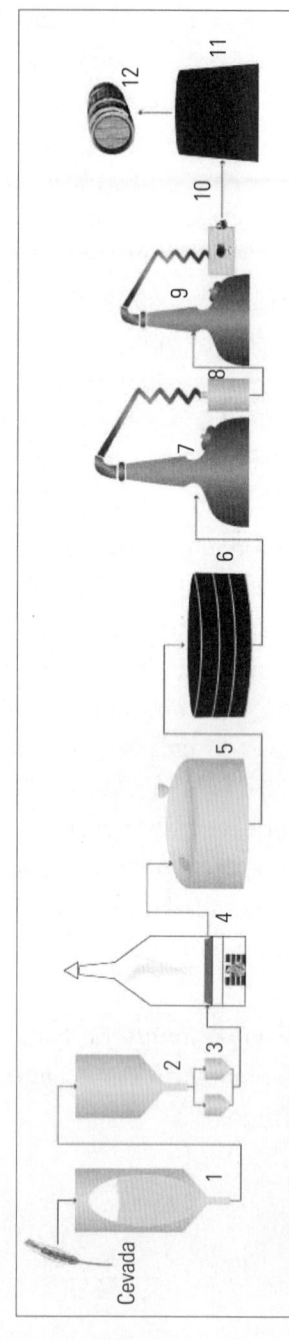

1. Cevada é umidecida para germinar
2. Controle de germinação
3. Arejamento
4. Forno aquecido por coque e turfa; obtem-se cevada maltada
5. Malte limpo e moído e misturado com água quante na tina (mash tun) para extrair o açucar
6. Tanque de fermentação (adiciona-se leveduras)
7. Alambique da primeira destilação
8. Condensador
9. Alambique da seugunda destilação
10. Cofre do destilado (sprit sofe – controle do governo)
11. Estoque de destilado
12. Barris

Esquema 8. Processo de produção do uísque.

Produção de uísque de grãos

Existem algumas diferenças entre o processo de produção de uísque de malte e o de grãos. Para produzir um uísque de grãos:

- o *mash* deve conter cevada malteada (aproximadamente 10% por peso) e outros cereais, como o milho e o trigo não malteado;

- os grãos não malteados são cozidos e agitados durante três horas e meia para quebrar as células do amido no grão. O amido absorve a água, e o líquido é transferido para um tanque, junto com a cevada malteada, ocorrendo a conversão do amido dos cereais não malteados em açúcar;

- depois de fermentado, o *wash* é destilado num alambique contínuo de Coffey. Como o processo é contínuo, o destilado final terá teor alcoólico muito mais alto (entre 90% e 95% vol.). O gosto é menos acentuado, por estar mais puro; e o uísque amadurece mais rápido.

Atualmente, existem na Escócia sete destilarias de uísque de grãos.

José Ivan Santos

Foto 35. Grãos de cevada, milho e trigo não malteados.

Envelhecimento do uísque

Tanto o uísque de malte quanto o de grãos têm que ser envelhecidos depois da destilação em barris de madeira, pelo menos por três anos, antes que possam ser usados nas misturas que darão origem ao produto final.

O uísque de malte leva mais tempo para amadurecer do que o de grãos, sendo comum deixá-lo mais de quinze anos no barril. O tempo de envelhecimento depende da umidade e da temperatura do armazém, que, na Escócia, são, respectivamente, alta e baixa.

Mistura (*blending*)

A grande maioria dos uísques escoceses é uma mistura de dezenas de uísques de malte com uísques de grãos.

A parte mais importante na produção de um uísque escocês é a mistura (*blending*). O responsável é o mestre misturador (*master blender*), que deve conhecer muito bem as matérias-primas com que trabalha para fazer um uísque consistente, ano após ano, e que será percebido pelos consumidores como igual ao produto a que eles se acostumaram. Normalmente, ao escolher os uísques a serem usados nas misturas, o *master blender* não os bebe; faz tudo pelo olfato.

Para uísques mais baratos, são usados de 75% a 80% de uísques de grãos e 20% a 25% de uísques de malte, em geral de segunda qualidade. Podem-se usar também 90% de uísque de grãos com 10% de uísque de malte de excelente qualidade, para se influir sobre o perfil do sabor do produto.

Nas melhores misturas, o uísque de malte representa algo em torno de 40% da mistura e o de grãos, 60%.

As etapas de produção de um uísque misturado (*blended whisky*) na Escócia são:

Foto 36. Teste de qualidade do destilado.

Foto 37. Esvaziamento do barril para mistura (blend).

- os destilados (tanto de malte como de grãos) são escolhidos para compor o uísque final, quando ainda são jovens (antes de 3 anos);
- periodicamente, o *master blender* testa a qualidade dos destilados escolhidos;

- quando chegam à idade para serem misturados, alguns produtores misturam os maltes separadamente para "se casarem", antes de acrescentar o destilado de grãos;

- todos os uísques são colocados dentro de um grande tanque para que se misturem;

- o teor alcoólico do uísque é reduzido ao valor desejado, com adição de água destilada; ele passa por filtração a frio para remover óleos sólidos. Nessa etapa, é permitido acrescentar caramelo para garantir a consistência de cor.

Estilos de scotch whisky

Existem basicamente os seguintes estilos de scotch whisky:

- *Single malt* – estilo de uísque que está cada vez mais popular desde 1990. Para receber o nome *single malt*, a procedência tem que ser de uma "única" destilaria, cujo nome, normalmente, aparece no rótulo. Tendo uísques produzidos de idades variáveis (8, 12, 15, 21 anos ou mais) e teores alcoólicos diferentes (de 40% – para o Reino Unido –, 43%, 50% ou mais – para exportação) –, existem cerca de quatrocentos tipos de single malts no mercado. Cada malte tem seu próprio sabor e estilo;

Marcas famosas: veja os nomes das destilarias no item "Regiões escocesas produtoras"

- *Standard blend* – é a mistura padrão, na qual não consta, no rótulo, a idade do uísque, que pode conter vários uísques de malte e de grãos, de várias destilarias. A mistura varia muito, mas, de modo geral, de 25% a 35% de uísque de malte compõe um bom standard blend;

> *Marcas famosas: Ballantine's, Johnnie Walker (Red Label), White Horse, J&B, Black & White, Teacher's*

Foto 38. Blends conhecidos standard.

- *De luxe blend* – é a mistura de luxo, semelhante à mistura de uísques de malte e de grãos do standard, mas que contém mais e melhores maltes. Normalmente, no rótulo, consta a idade da mistura, que é de 12 anos para cima (foto 39);

> *Marcas famosas:* Johnnie Walker (Black Label – 12 anos), Buchanan's (12 anos), Logan, Old Parr, Chivas Regal (12 anos), Ballantine's (12 anos)

- *Super luxe blend* – a diferença do de luxe blend não reside apenas na idade, mas também na raridade e complexidade de cada malte da mistura (foto 40);

Foto 39. De luxe blend.

Marcas famosas: J&B Reserve (15 anos), Buchanan's (18 anos), Johnnie Walker (Gold Label – 18 anos), Chivas Regal (18 anos), Ballantine's (30 anos)

- *De grãos individuais* – vêm de uma única destilaria, mas não são comuns. São muito mais leves e mais neutros do que os uísques contendo malte (foto 40).

Foto 40. Super luxe blend.

Marca famosa: Cameronbridge

Degustação do uísque

Como para qualquer bebida, devemos usar todos os nossos sentidos na degustação do uísque.

A melhor taça é a taça padrão para a degustação de vinhos, que é ideal para se identificarem os aromas.

O uísque deve ser colocado na taça pelo menos trinta minutos antes de se iniciar a degustação. A bebida, respirando, irá amenizar o excesso de álcool, que irrita a mucosa nasal. A adição de um pouco de água mineral à temperatura ambiente ajuda a deixar os aromas do uísque mais perceptíveis.

Na degustação de uísque, devem-se analisar:

- *cores* – que vão do ouro claro até o âmbar escuro dependendo do barril que é envelhecido;

- *aromas* – os mais comuns são os seguintes: defumado (por causa da fumaça da turfa), salgado, de algas marinhas e iodo (por causa da influência marítima), mel, baunilha e especiarias (proveniente dos barris de carvalho);

- *paladar* – pode ser mais ou menos encorpado, cremoso, suave com retrogosto de frutas cítricas, mel, defumado, uva-passa, coco, salgado e iodo.

Consumo

Beber uísque puro na Escócia trata-se de um mito. O mais comum é metade água, metade uísque, prática que se repete também nos Estados Unidos. No Japão é usual tomar o uísque com gelo triturado, o que faz com que a bebida se dilua mais rapidamente. O uísque puro pode entorpecer as papilas, efeito que o gelo também provoca, e assim atrapalhar a percepção das características da bebida.

Drink mais conhecido
Rob Roy
Ingredientes:
4.5 cl Scotch Whisky
2.5 cl Vermouth Tinto
1 Dash de Angostura Bitter
Método: mexido
Copo: Taça Cocktail
Modo de fazer: coloque todos os ingredientes no mixing glass com cubos de gelo. Mexa bem e despeje na taça refrigerada passando pelo strainer. Decore com cereja maraschino.

República da Irlanda

A República da Irlanda tem um clima muito propício para a produção de cevada: úmido, sem ser chuvoso demais, e temperado, sem ser frio. Não é de se estranhar, portanto, que o país seja famoso tanto por seu uísque quanto por sua cerveja, principalmente na forma de *stout*, elaborada com cevada malteada e altamente tostada, resultando uma cerveja de cor quase preta.

É possível que tenha havido produção de uísque na República da Irlanda antes do que na Escócia. Isso porque o país sempre foi um centro religioso, e, na Idade Média, os monges eram os principais produtores de bebidas alcoólicas (para remédios).

É certo que os ingleses, ao invadirem a República da Irlanda no século X, já encontraram uísque; e que, na Inglaterra do século XIX e início do século XX, ele já era o principal destilado bebido. Houve também grandes exportações da bebida para os Estados Unidos.

Isso só começou a mudar quando os escoceses, no final do século XIX, passaram a usar o alambique contínuo, produzindo um uísque mais leve e mais ao gosto dos ingleses, enquanto os irlandeses continuaram a usar alambiques do tipo *pot*, produzindo um uísque mais pesado e menos suave.

A produção do uísque, na República da Irlanda, sofreu sérios impactos durante o século XX. Em 1916, quando começou a guerra de independência da Inglaterra, a República da Irlanda perdeu não só o mercado inglês como, por extensão, todo o mercado do Império Britânico. Os Estados Unidos continuaram a comprar, mas as portas se fecharam em 1920, com a lei seca. Durante a Segunda Guerra Mundial, faltou matéria-prima para o uísque irlandês. A indústria declinou muito e, até 1960, continuava a usar quase exclusivamente alambique do tipo *pot*, que encarecia a produção. O grande número de destilarias do início do século XX ficou reduzido para três atualmente.

Produção de uísque irlandês

Apesar de haver muita turfa na República da Irlanda, diferentemente do que ocorre na Escócia, ela não é usada para secar a cevada e nem para aquecer os alambiques. Assim, o sabor defumado, comum aos uísques escoceses, é raro nos uísques irlandeses.

O método de produção é basicamente igual, com exceção de que, tradicionalmente, é destilado três vezes num alambique do tipo *pot*, usando-se uma mistura de cevada malteada e não malteada, trigo e milho. O uso de cevada não malteada é uma característica única do uísque irlandês. As cabeças e os rabos são removidos tanto na segunda quanto na terceira destilação para suavizar o destilado. A seguir, são envelhecidos em barris usados de bourbon; atualmente, cada vez mais se usam barris de vinho de xerez, de Marsala e até de carvalho novo.

Os típicos uísques irlandeses são encorpados, oleosos, um pouco perfumados, secos e suaves.

Recentemente, o uísque da República da Irlanda ficou famoso por causa do hábito de colocá-lo no café, após a refeição, para fazer o irish coffee (mistura de uísque, café e creme de leite). Também existem licores feitos com uísque irlandês e creme de leite, sendo os mais famosos o Bailey's Original Irish Cream e o Carolans.

Destilarias da República da Irlanda

MIDLETON

- Onde se elabora o uísque mais famoso da República da Irlanda, o Jameson. Utilizam-se quatro alambiques do tipo *pot* e seis alambiques de coluna. No alambique tipo *pot*, o mosto é destilado três vezes, originando uísques de vários teores alcoólicos, que entrarão na mistura final. A destilação nos alambiques contínuos também é feita por três vezes, sendo a última até o teor alcoólico de 94,5% vol., o que determina uma bebida extremamente leve e pura. Tanto o uísque de malte como o de grãos são envelhecidos em barris de bourbon usados, antes de serem misturados;

Foto 41. Destilaria de Midleton.

- *Bushmills*

  Fica na Irlanda do Norte e é a mais antiga destilaria do mundo, tendo sido inaugurada em 1608. Só elabora uísque destilado em alambiques do tipo *pot*, adquirindo, de Midleton, seus uísques de grãos. Destila seu uísque três vezes e faz um single malt de 21 anos;

Foto 42. A mais antiga destilaria do mundo: Bushmills.

- *Cooley*

  Ao norte da República da Irlanda, originalmente era uma destilaria usada para produzir vodca de batata. Em 1987, foi adaptada para a produção de uísques. Tem a fama de elaborar uísque puro malte com gosto de turfa, algo diferente para a República da Irlanda, e uísque puro de grãos, muito leve e com tons de baunilha e limão.

Drink mais conhecido

Irish Coffe

Ingredientes:
4.0 cl Irish whiskey;
8.0 cl café quente;
3.0 cl creme de leite fresco;
1 colher de açúcar.

Método: montado

Copo: taça para Irish Coffee

Modo de fazer: coloque na taça o café quente, o Irish whiskey e adicione uma colher de açúcar. Aqueça a mistura, mas não deixe ferver. Coloque o creme de leite por último delicadamente.

Estados Unidos

A história do uísque nos Estados Unidos remete aos irlandeses e escoceses que fugiram da perseguição da Inglaterra no século XVII. Eles se fixaram no estado da Pensilvânia e começaram a destilar um uísque a partir do centeio (*rye*) que ali encontraram. Com o movimento para oeste, o cultivo do centeio e do trigo ficou difícil, por causa do frio. Para elaborar seu uísque, então, começaram a fazer experiências com um grão nativo: o milho (*corn*).

Diz a história que, no século XVIII, o presidente Thomas Jefferson ofereceu 30 hectares de terra às pessoas que quisessem morar no estado de Kentucky, construir uma casa e cultivar milho. Houve excesso de produção de milho e, como era muito complicado transportá-lo para vender, os pequenos fazendeiros começaram a destilá-lo para fazer uísque, que, além de ser mais fácil de transportar, não estragava com o tempo; ao contrário, até melhorava.

Hoje, apesar do tamanho do mercado americano, existem poucas destilarias. Isso se deve, em grande parte, à época da lei seca, quando muitos produtores de bebidas foram à falência e quando o consumo de uísques irlandeses e canadenses – mais suaves do que a maioria dos americanos – aumentou.

Nos anos 1990, o interesse pelo puro malte da Escócia levou os americanos a redescobrirem seus próprios uísques. No estado da Pensilvânia, onde tudo começou, porém, não existe mais nenhuma destilaria. Em todo o país, existem cerca de vinte destilarias, sendo que dez estão situadas em Kentucky.

Estilos de uísque americano

Mapa 4. Região produtora de uísque nos Estados Unidos.

Nos Estados Unidos, são produzidos basicamente três estilos de uísque:

- *Bourbon* – seu nome provém do Condado de Bourbon, no estado de Kentucky, onde foi produzido pela primeira vez. Atualmente, o bourbon pode ser elaborado em qualquer lugar do país, desde que obedeça aos regulamentos que o definem. Na sua composição, no mínimo 51% devem ser de milho – o principal ingrediente –, como estabelece a lei. Outros grãos permitidos são o centeio, o trigo e a cevada malteada, entre 5% a 15% de cada um. Deve ser produzido em alambiques contínuos, e não pode sofrer a adição de qualquer substância. O envelhecimento tem que ser de, no mínimo, dois anos em barris novos de carvalho branco americano, tostados por dentro para que, durante o processo, o líquido possa extrair da madeira o sabor de baunilha e caramelo. Se não for utilizado barril novo de carvalho americano, o uísque não pode ser denominado *bourbon*. É vendido com a idade mínima de 4 anos, mas, normalmente, não mais do que com 12 anos. Tipicamente, os bourbons são aromáticos, doces, frutados, com aroma de baunilha e caramelo, suaves e encorpados;

Principais destilarias de Kentucky: Four Roses, Old Rip Van Winkle, Maker's Mark (a mais antiga do país, datando de 1805) e Jim Beam (o campeão de vendas em bourbon)

- *Rye* – feito, no mínimo, com 51% de centeio, e a adição de cevada malteada e milho. Todos os grãos são cozidos e destilados juntos. Devem ser envelhecidos em barril de carvalho, cujo interior tenha sido tostado. Normalmente, são envelhecidos, no mínimo, por dois anos, e o barril só pode ser usado uma vez. São uísques encorpados, mais suaves, com toques de especiarias;

Foto 43. Bourbon.

Foto 44. Maturação do Bourbon Four Roses.

Marcas famosas: Old Overholt e Rittenhouse

- *Tennessee* – na garrafa vem a denominação *sour mash* sendo considerado um *sipping whisky* (uísque para bebericar). A formulação desse uísque é igual à dos bourbons, mas não é considerado bourbon por causa da técnica do processo de filtração a que é submetida. A técnica do *sour mash* consiste em acrescentar o resíduo amargo da destilação anterior (*backset*) ao próximo mosto (no mínimo, 25%) ou dentro do tanque de fermentação para manter uma consistência no gosto dos lotes. Essa técnica também é usada pela maioria dos uísques americanos, mas, nesse caso, o uísque é filtrado antes e depois do envelhecimento, diferentemente dos bourbons, que são filtrados somente depois do envelhecimento. O exemplo mais famoso desse estilo é o Jack Daniels, o mais conhecido dos uísques americanos. A sua destilaria foi fundada em 1866, mas fechou em 1910, quando o estado do

Tennessee, dez anos antes da lei seca, introduziu uma lei proibindo a venda de bebidas alcoólicas; reabriu em 1938, cinco anos depois do fim da lei seca. Ainda está no condado, onde, até hoje, a venda de bebida alcoólica é proibida. Outro detalhe interessante: o Jack Daniels é pingado por um filtro de carvão vegetal feito de pedaços da madeira *maple* queimada. Esta árvore é famosa nos Estados Unidos e no Canadá por sua seiva, extremamente doce, que é utilizada na culinária, principalmente para fazer sobremesas. A coluna de carvão tem 3 metros de altura, e a gota de uísque leva até dez dias para passar por ela. Essa filtração demorada, chamada *charcoal mellowing*, retira todos os óleos fúseis que sobreviveram à destilação. O uísque que vai para o barril de envelhecimento é muito mais limpo. Esses uísques são leves, muito suaves e adocicados, com um toque de baunilha.

- *Observação*: Às vezes, os rótulos dos uísques americanos mencionam straight (puro) bourbon ou rye: indicação de que não houve a adição de qualquer destilado neutro.

Divulgação Jack Daniel's

Foto 45. Filtro de carvão vegetal feito da madeira *maple* queimada.

Bourbon

- Uísque straight;
- Contém no mínimo 51% de grãos de milho;
- Pode ser feito em qualquer lugar dos Estados Unidos;
- Envelhecido em carvalho branco americano;
- Kentucky é o único estado que pode colocar seu nome no rótulo;
- O Tennesse apesar de ter componentes iguais não é um bourbon, por causa do processo de filtração (ex. Jack Daniels).

Abraham Lincoln, em 1842, em um discurso perante abstêmios, referindo-se especialmente ao bourbon, disse: "As pessoas que são afetadas por essa bebida não é porque consomem algo ruim, mas sim porque abusam de algo muito bom."

Drink mais conhecido

Whiskey Sour

Ingredientes:

4.5 cl Bourbon whiskey;

3.0 cl suco de Limão;

1.5 cl xarope de açúcar

1 dash de clara de ovo

Método: Batido

Copo: Old Fashioned

Modo de fazer: coloque todos os ingredientes no mixing glass com cubos de gelo. Mexa bem. Despeje no copo. Se servido como *"on the rocks"*, despeje no copo com gelo. Decore com meia fatia de laranja e uma cereja maraschino.

Canadá

Os uísques do Canadá são uma mistura de destilado de centeio com outro destilado neutro feito, normalmente, de milho, que pode representar até 80% da mistura. O centeio é malteado e, em alguns casos, também se usa cevada malteada. Os alambiques são do tipo contínuo, e o uísque deve ser envelhecido, no mínimo, por três anos em barris de carvalho novo, de bourbon, de vinho de xerez ou de cognac.

À maioria dos uísques canadenses também se acrescentam ingredientes como vinho de xerez ou outro vinho, suco de fruta ou um vinho feito de ameixa. Esses ingredientes nunca representam mais de 2% do produto final. Por esse motivo, o uísque canadense é bastante leve e suave, com sabor delicado, um pouco frutado, seco e agridoce, com toque de baunilha.

Como os escoceses, os melhores uísques do Canadá são uma mistura de muitos uísques individuais (até 50%), envelhecidos por cinco, oito ou doze anos.

Existem treze destilarias espalhadas nesse enorme país, de Nova Scotia, no leste, até British Columbia, no oeste. Baseada em Windsor, desde 1858, a Hiram Walker produz o mais famoso uísque canadense: o Canadian Club.

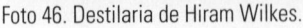

Foto 46. Destilaria de Hiram Wilkes.

Japão

O Japão começou a produzir uísque seriamente depois da Segunda Guerra Mundial e, hoje, sua indústria é uma cópia quase fiel do estilo e dos processos da Escócia; os japoneses consomem mais uísque *per capita* do que os ingleses ou os americanos.

O processo de fabricação do uísque japonês é idêntico ao do escocês, sendo a principal diferença um pequeno toque de turfa aparente no sabor final. Para isso, por incrível que pareça, a indústria japonesa importa turfa da Escócia. Também importa uísque de malte escocês para misturar com seus uísques, podendo representar até 15% da bebida final. Procura-se dar diversidade e complexidade ao uísque japonês, porque existem somente oito destilarias no país, e a ética de negócios no Japão não permite trocar maltes com outras destilarias.

Como na Escócia, os uísques são envelhecidos em barris de vinho de xerez ou em barris de bourbon, no mínimo, por três anos, mas alguns são vendidos com até 20 anos de idade, normalmente, sem menção no rótulo.

O maior fabricante é a Suntory, que produz mais de 70% de todo o uísque do país. Sua destilaria, em Hakushu, produz 55 milhões de litros por ano, o que a torna o maior produtor de uísque do mundo. A Suntory produz tanto uísque de malte quanto de grãos. O uísque Suntory Hibiki recebeu recentemente o prêmio The Best Blended Whisky, da importante revista inglesa *The Whisky Magazine*. O Suntory Hibiki ficou conhecido em todo o mundo pelo anúncio protagonizado por Bill Murray no filme *Encontros e Desencontros* (2003).

Foto 47. Uísque japonês Hibiki (esquerda) e à direita uísque Yoichi.

O segundo produtor é a Nikka, que fica em Hokkaido, ilha ao norte do Japão. Tem destilarias muito semelhantes a algumas da Escócia, principalmente na construção dos prédios. Situada no litoral, sofre influência marítima e, como nas regiões escocesas, também apresenta temperaturas extremas: verões excessivamente quentes e invernos muito frios, além de rios de águas perfeitas. Produz uísques de malte e de grãos. Seu single *malt Yoichi*, de 20 anos, conseguiu o título de melhor puro malte em uma competição internacional, onde participaram famosos escoceses, como Glenmorangie e The Balvenie.

A Kirin pertencia a Seagram, que tinha destilarias na Escócia, o que facilitava as importações. Seus uísques, bastante similares aos escoceses, são os mais caros do país, usando até 40% de malte nos blends.

Outros países

Uísques de malte e de grãos escoceses com frequência são exportados para vários países, como Brasil e Holanda, para serem misturados.

No Brasil, há os uísques escoceses misturados que são apenas engarrafados aqui. É o caso dos uísques Bell's, Passport e Wall Street. Já o uísque Natu Nobilis é uma mistura de maltes escoceses com destilados nacionais envelhecidos.

Foto 48. Uísques fabricados outros países.

Outros destilados de grãos

Vodca

A vodca é um dos destilados mais populares do mundo, especialmente na Rússia e nos Estados Unidos, onde representa mais de 26% do consumo de todos os destilados. O consumo, na Rússia, é de 27 litros/ano *per capita*, e está aumentando.

A origem da palavra é eslava, *vodka*, e quer dizer "querida água".

Basicamente, é um destilado neutro, sem qualquer caráter distintivo, aroma, sabor ou cor. Não é envelhecida, podendo ser consumida assim que for produzida.

Tecnicamente, pode ser obtida pela destilação de quase qualquer grão fermentável. Atualmente, a vodca é feita principalmente à base de cereais. As versões mais caras são feitas a partir de trigo ou centeio; as mais baratas e comuns, de milho e, em alguns lugares, de batata.

História

Tanto a Rússia quanto a Polônia reivindicam o crédito da invenção da vodca. É certo que ela se originou em algum lugar no norte ou leste da Europa há mais de mil anos.

Na Rússia, os czares tentaram manter o monopólio sobre a produção do destilado, mas só conseguiram que surgissem mais alambiques ilegais, como ocorreu na Escócia. Para conseguir manter seu domínio político, os czares concederam licenças para que nobres e políticos produzissem sua própria vodca.

No século XVII, os russos desenvolveram um processo sofisticado de produzi-la, que incluía dupla destilação, seguida de diluição em leite, nova destilação e adição de água. Foi nessa época também que descobriram as vantagens de filtrá-la, usando carvão ativado, técnica usada até hoje na produção das melhores vodcas.

A bebida começou a ficar conhecida no oeste europeu, na época das Guerras Napoleônicas, por causa do contato com os soldados russos que a consumiam. No século XIX, a Rússia tinha mais de 5 mil destilarias e o governo, evidentemente, passou a cobrar seus impostos.

Durante a Revolução Russa, as destilarias particulares foram confiscadas, e muitos de seus donos, como os proprietários da Smirnoff, fugiram para Paris e, depois, na década de 1930, abriram a primeira destilaria de vodca nos Estados Unidos.

Por tradição, na Rússia, ela acompanha sempre as refeições e está presente às cerimônias religiosas.

Na Polônia, a primeira vodca foi feita no século XI e utilizada como remédio.

Qualquer pessoa poderia destilar e, portanto, todos os níveis da sociedade produziam e bebiam sua própria vodca.

Produção de vodca

Inicialmente, a vodca era feita a partir de uma única destilação e, portanto, tinha teor alcoólico baixo. Aos poucos, foram descobrindo as vantagens de se destilar o líquido mais de uma vez, e em um alambique contínuo; conseguia-se uma bebida mais pura e de melhor qualidade.

Foto 49. Alambique de coluna onde se obtém a vodca.

Denomina-se "destilado retificado" àquele destilado mais de uma vez para eliminar as impurezas, tornando-se então um destilado muito puro, de alto teor alcoólico, em geral perto de 90% vol. A bebida, a seguir, é filtrada em carvão ativado, que retira todo o gosto e cheiro. Esse destilado – puro, neutro – não precisa de envelhecimento, e pode ser engarrafado e consumido em seguida.

A vodca é, portanto, um destilado neutro, que pode ser obtido a partir da destilação de qualquer grão fermentável em um alambique contínuo. Ao sair do alambique, ela é sempre incolor e tem pouquíssimo aroma. Ela recebe a adição de água destilada para reduzir seu teor alcoólico a 40% vol., geralmente.

No Leste Europeu, existe uma longa tradição de produzir vodcas com aromas e sabores, pelo uso de ervas, especiarias e frutas, que são acrescentadas no final da destilação. No início, essa aromatização foi feita para encobrir sabores desagradáveis do álcool, mas acabou caindo no gosto do consumidor.

Atualmente, a vodca é fabricada no mundo inteiro. As vodcas sofisticadas surgiram na Rússia na metade dos anos 1970, como a Stolichnaya, feita de trigo e pura água glacial.

Foto 50. Marcas famosas de vodca.

Pouco depois, surgiram a sueca Absolut, a polonesa Wyborowa e a americana Smirnoff (líder mundial no segmento, e também fabricada no Brasil). Em nosso país, são fabricadas diversas vodcas, como a Smirnoff nº 21, Orloff, Sputnik, Baikal, Kronia e dezenas de outras marcas regionais.

Desde a metade do século XX, a vodca, na maioria dos países, é usada nos mais variados coquetéis, graças à sua neutralidade. Por ter um álcool puríssimo, possui características sutis de paladar, não se manifesta no hálito, mistura-se muito bem com a maioria das bebidas, garantindo o teor alcoólico sem contaminar o sabor. O coquetel mais conhecido é o bloody mary, feito com vodca, suco de tomate, de limão, tabasco e molho inglês; no Brasil, é a base da "caipirosca" (vodca, limão, açúcar e cubos de gelo). Está se tornando popular entre os jovens, que a tomam misturada a bebidas não alcoólicas, como coca-cola, guaraná, red bull e suco de fruta.

Recomenda-se guardar a vodca no *freezer*, pois, em baixas temperaturas, ela fica mais cremosa e com sabor aveludado. Sendo praticamente álcool puro e contendo pouquíssima água, tem ponto de congelamento baixíssimo, não correndo o risco de virar gelo no *freezer*.

Drink mais conhecido

Bloody Mary

Ingredientes:

4.5 cl de vodca;

9.0 cl de suco de tomate;

1.5 cl de suco de limão;

Temperos: Sal de aipo, tabasco, molho inglês, pimenta do reino.

Método: montado

Copo: highball

Modo de fazer: coloque o suco de tomate, o tabasco, o sal e a pimenta no copo com gelo, adicione os outros ingredientes e mexa delicadamente. Decore com sal de aipo ou cunha de limão (opcional).

Gim

Apesar de ser uma bebida associada à Inglaterra e a suas colônias desde o século XIX, de fato o gim foi inventado na Holanda no século XVII.

Em 1650, o médico Francisco de la Boie, professor da Universidade de Leyden, conhecido como dr. Sylvius, pesquisava um diurético para tratamento de afecções renais. Ele misturou uma fruta com propriedades diuréticas, o zimbro, a um destilado de grãos que, apesar de não ser suave, também tinha propriedades diuréticas. Ele chamou o medicamento *genever* (zimbro, em holandês).

Esse "remédio" era saboroso e muito barato, e os soldados ingleses, que lutavam pela Europa, levaram-no para a Inglaterra. Lá, após a invenção do alambique contínuo de Coffey, começou a ser produzido em grande escala, tanto que causou um problema social, por causa do abuso de seu consumo. Em 1730, só em Londres, mais de 7 mil locais vendiam a bebida, que, por ser mais barata que a cerveja, acabou identificada como a bebida nacional inglesa, e recebeu o nome de *gim*, corruptela da palavra *genever*.

Produção de gim

A produção do destilado-base é igual à da vodca. Cereais, como trigo, cevada ou milho, são usados para produzir um fermentado de baixo teor alcoólico, que é destilado até se conseguir um líquido neutro de teor alcoólico alto, com cerca de 90% vol. Este é, a seguir, redestilado com substâncias vegetais aromáticas – os botânicos –, que lhe conferem aroma e sabor. Os principais botânicos são zimbro, raiz de angélica e coentro (foto 51).

Usam-se também cascas de árvores, em geral de canela, de laranja, de limão e de noz-moscada. Cada fabricante tem

Foto 51. Principais botânicos, raiz de angélica e coentro.

José Ivan Santos

sua própria receita de uso dos botânicos e, por isso, os gins comerciais têm gostos diferentes. O único botânico comum a todos eles é o zimbro.

O gim é produzido em muitos países. Na Inglaterra, é leve e aromático por causa da destilação em alambiques contínuos, sendo o London Dry Gin considerado o melhor do mundo. Ele costuma ser consumido como gim-tônica: num copo longo com gelo, coloca-se uma dose de gim e completa-se com água tônica. Esse coquetel surgiu como remédio, pois o quinino, presente na tônica, era usado no tratamento da malária. Outro coquetel famoso é o dry martini, mistura de gim com algumas gotas de vermute seco.

Na Holanda, o gim é mais rico e encorpado, por ser destilado em alambique do tipo *pot*. É a bebida nacional do país, consumida como aperitivo em pequenos copos sem diluir e gelado.

Outro grande produtor são os Estados Unidos, onde, depois da primeira destilação, ele é redestilado, os vapores passam por um cesto, contendo os botânicos, que absorvem os seus sabores. Também é bebido em coquetéis.

Na Alemanha, é conhecido como steinhager, e é bastante consumido, como na Holanda, só que como digestivo.

O Brasil produz alguns gins, como o Seagers e o Gilbey's.

Foto 52. Marcas famosas de gins.

Drink mais conhecido

Dry Martini

Ingredientes:

9.0 cl de gim;

1.0 cl de Vermouth Dry;

Método: mexido ou montado com gelo;

Copo: taça martini.

Modo de fazer: coloque todos os ingredientes no *mix in glass*, com os cubos de gelo. Misture bem e despeje na taça refrigerada, passando pelo strainer.

Esprema a casca do limão na bebida, ou a decore com azeitona.

Destilados de vegetais

O s destilados de vegetais incluem o rum, a cachaça e a tequila.

Rum

O rum é o mais famoso destilado de vegetais. É obtido a partir da fermentação alcoólica e destilação do caldo ou melaço da cana-de-açúcar.

História

Foram os mouros que introduziram a cana-de-açúcar na Europa, principalmente na Espanha e em Portugal. Não há evidência de que eles produzissem uma bebida destilada de cana-de-açúcar, mas, certamente, eles conheciam bem a arte de destilação, tanto que as palavras *álcool* e *alambique* são de origem árabe.

De início, o açúcar era usado para adoçar remédios feitos de ervas, frutas e flores. Os portugueses, no século XVI, vendo o crescimento da demanda do produto na Europa, introduziram a cana-de-açúcar no Brasil, e, para isso, usaram escravos africanos nas plantações.

Inicialmente, o rum foi feito em Cuba, no século XVI. No início do século XVII, os ingleses e os franceses começaram a colonizar as ilhas do Caribe – Barbados, Jamaica, Martinica, Haiti e Porto Rico. E o açúcar, que já tinha virado uma *commodity*, passou a ser plantado em grande escala.

Além de seu valor econômico, o melaço, resíduo do processo de fabricação do açúcar, passou a ser aproveitado para a fabricação de uma bebida destilada. Era uma bebida sem qualquer refinamento, oleosa e cheia de impurezas. Tinha cheiro horrível e gosto amargo, descrito como sendo "muito forte, quente e infernal". Originalmente chamado *rumbullion* – foi adotada a raiz da última sílaba do nome científico da cana-de-açúcar, *Saccharum officinarum*, e a palavra francesa *buillon* (sopa). Era destinada aos escravos e aos empregados das plantações e das casas dos donos. Bebida muito forte, o rum tinha o poder de "anestesiar" quem o bebia, e muitos o consideravam como remédio para o escravo esquecer a vida miserável que levava.

No século XVII, o rum era usado como remédio, e se dizia que servia para expulsar males e demônios dos corpos dos doentes. Até o século XVIII, era produzido em grande escala, tanto no Caribe quanto na Inglaterra, para onde o melaço era exportado e destilado.

A aceitação do rum começou a mudar, quando as destilarias começaram a usar o alambique contínuo, produzindo uma bebida muito mais leve e pura. Em 1862, em Cuba, o imigrante espanhol Facundo Bacardi foi o pioneiro no uso do alambique contínuo, fazendo um rum leve e mais seco do que os feitos na Jamaica e em Barbados. A marca Bacardi, apesar de seu rum não ser mais feito em Cuba, é uma das mais conhecidas no mundo.

Os piratas no século XIX, segundo os historiadores, bebiam o rum para se encorajarem na hora dos combates. A Marinha Britânica incluiu um *half pint* (250 ml) de rum, de alto teor alcoólico, na ração diária dos marujos a serviço de Sua Majestade (os oficiais bebiam porto ou brandy). A bordo dos navios ingleses, o rum ganhou o mundo, serviu como moeda comercial e, até 1970, constava oficialmente da ração dos grumetes (graduação inferior dos praças) da Marinha Britânica.

A lei seca, nos Estados Unidos, impulsionou as destilarias de Cuba e de Porto Rico. Durante a Segunda Guerra Mundial, nas ilhas do Caribe, a Jamaica foi beneficiada, pois seu rum substituiu o scotch whisky na preferência dos americanos, já que este não podia atravessar o oceano Atlântico. Em 1959, a revolução cubana, involuntariamente, favoreceu a produção do rum das demais ilhas.

Produção de rum

A importância da análise do solo é fundamental. Existem muitas variedades de cana-de-açúcar, e cada uma depende de um tipo de solo para maximizar a produção de sacarose.

A cana atinge a maturidade depois de cerca de dezoito meses, quando é cortada e imediatamente levada para a usina, onde é triturada e esmagada, extraindo-se seu suco.

Depois de extraído o suco da cana-de-açúcar, o líquido é fervido para se conseguir um xarope que contenha por volta de 30% de açúcar. Esse xarope é clarificado; acrescenta-se açúcar cristalizado, e o líquido é mais uma vez fervido. Isso causa o aparecimento de cristais de açúcar, que são removidos após o resfriamento do líquido.

O processo é repetido até que todo o açúcar cristalizado seja extraído do líquido. Resulta uma substância grossa, pegajosa e escura, com aproximadamente 50% de açúcar – o melaço. Cada 30 toneladas de cana-de-açúcar produzem, aproximadamente, 1 tonelada de melaço.

Divulgação Havana Club

Foto 53. Canavial.

Foto 54. Cana-de-açúcar sendo esmagada para a extração do suco.

O melaço é diluído em água, e acrescenta-se a levedura, normalmente cultivada pelo próprio produtor. É preciso diluí--lo porque a levedura não consegue processar o mosto com teor de açúcar muito elevado. O tempo de fermentação varia

Foto 55. Tanque de fermentação.

de dois a dez dias, dependendo do tipo de rum que se deseja. Runs mais leves necessitam menos tempo de fermentação. Durante o processo, a temperatura é controlada, e o mosto primário resultante tem teor alcoólico entre 6% e 10% vol., conforme o tempo de fermentação.

Originalmente, todos os runs eram feitos em alambiques do tipo *pot*, num processo de lotes. Eram necessárias duas ou até três destilações para se chegar a um teor alcoólico e a uma pureza apropriados para o consumo.

Hoje, são usados uma variação do alambique do tipo *pot* e um tipo de chaleira secundária que contém as "cabeças" e os "rabos" de outras destilações. Antes de ser condensado, o vapor do alambique passa por essa chaleira, esquenta o líquido, que, então, passa ao condensador, de onde sai um destilado com teor alcoólico por volta de 85% vol.

Foto 56. Alambique muito usado em Cuba.

Com a introdução do alambique contínuo, os produtores passaram a ter controle total do processo, podendo fazer runs muito mais leves e com teor alcoólico mais alto, ao redor de 95% vol. Já existem alambiques com três ou mais colunas que produzem runs extraleves.

Foto 57. Tonel usado, queimado por dentro para o envelhecimento do rum.

Foto 58. Runs sendo envelhecidos em barris de uísque.

Geralmente, o rum é transparente e cristalino no final da destilação. A cor escura do rum, na maioria dos casos, é resultado do envelhecimento em barris. A cor também pode ser ajustada com caramelo. Os runs, depois da destilação, são envelhecidos em tonéis de uísque bourbon usados, que são queimados por dentro com o objetivo de alterar as propriedades químicas e físicas da madeira. Esse tipo de barril confere não só a cor escura, mas também aromas de baunilha, coco e especiarias.

Estilos de rum

Atualmente, a maioria dos runs é uma mistura de runs fabricados em alambique do tipo *pot* com os elaborados em alambiques contínuos, processo semelhante ao da mistura de uísques. É usual a mistura de runs de idades variadas.

Os principais estilos de rum são:

- *leve* – é altamente destilado, transparente, passando poucos meses na madeira. No paladar, é seco e com frescor; oferece aromas de limão, banana, coco e flores. É o rum recomendado para coquetéis;
- *pesado* – o rum destilado em alambique de tipo *pot* predomina na mistura. Tem cor amarelo-ouro, mas pode passar por vermelho escuro e chegar até a cor de mogno. Aromas de café, chocolate, caramelo, melaço, banana assada, baunilha, uva-passa e especiarias.

O rum é o ingrediente principal de coquetéis que são consumidos há muito tempo em todo o mundo, como: o rum punch (rum e suco de frutas), o daiquiri (rum, suco de limão e xarope de romã), a piña colada (rum, leite de coco e suco de abacaxi), o mojito (rum, suco de limão, club soda e hortelã) e a cuba libre (rum e coca-cola).

Atualmente, encontram-se runs aromatizados, feitos por infusão com especiarias ou frutas, como o Malibu, rum que tem sabor de coco; no Brasil, o Montilla Tropical oferece aromas naturais de frutas.

O rum é também considerado o parceiro ideal do charuto, outro produto originário do Caribe. Os apreciadores de charutos afirmam que o destilado acentua o sabor destes; muitos, entre uma baforada e outra, molham a boca com rum.

Principais produtores

Os principais produtores do rum são:

- *Barbados*

  Produz um rum leve, de gosto forte, e que pode envelhecer por décadas. O Mount Gay é fabricado desde 1633.

- *Jamaica*

  Produz um rum escuro, com corpo e aroma marcantes. A marca mais conhecida é a Appleton.

- *Cuba*

  É o mais tradicional produtor de rum, em geral com teor alcoólico de 40% vol. A marca Havana Club é estatal e tem prestígio mundial. Faz um rum leve que pode ser *carta blanca* (bom para coquetéis) e *carta oro* (dourado). Os *añejos*, envelhecidos por até sete anos, têm aroma dignos dos melhores cognacs e não devem ser usados em coquetéis; os especialistas, inclusive, recusam-se a bebê-lo com gelo.

- *Porto Rico*

  É a sede da Bacardi, a mais antiga produtora de rum do mundo. Foi fundada em Cuba e, hoje, tem destilarias em muitos países, inclusive no Brasil. Seu rum, duplamente filtrado, é leve, de ótima qualidade. O claro envelhece um ano e o escuro, no mínimo, três anos.

Foto 59. Marcas famosas de rum.

Drink mais conhecido

Mojito

Ingredientes:

4.0 cl de rum claro;

3.0 cl de suco de limão;

3 folhas de menta;

2 colheres de açúcar;

Soda.

Método: montado

Copo: highball

Modo de fazer: macere a menta com o açúcar e adicione o suco de limão. Coloque o rum e complete com soda. Decore com uma folha de menta.

Cachaça

É a bebida nacional brasileira feita à base de cana-de-açúcar. Existe uma grande diferença em relação ao rum. Este é feito do melaço, enquanto a cachaça é feita do caldo da cana-de-açúcar – a garapa –, que é mais diluída em água, formando o mosto para a fermentação.

História

A destilação do caldo da cana acompanha a história do Brasil.

Num engenho de cana-de-açúcar da Capitania de São Vicente, em 1533, alguém experimentou um líquido espumoso, esverdeado e escuro que se formava, nos tachos de rapadura, durante a fervura da garapa. Era a cagaça ou "garapa doida", que, retirada com escumadeira dos tachos, era jogada nos cochos, recipientes feitos de tronco de madeira, onde fermentava. A cagaça passou a ser bebida pelos escravos.

Com os colonizadores portugueses, veio para o Brasil o processo de destilação do bagaço de uva para fazer a bagaceira. Com a introdução do alambique, os escravos passaram a destilar a cagaça e descobriram a cachaça.

Segundo os historiadores, o nome *cachaça* vem do espanhol *cachaza*, que significa "bagaceira inferior" ou "vinho de borras fermentadas".

Era, essencialmente, bebida de negros e de mestiços, discriminada pelas elites. Os colonizadores tentaram proibir sua fabricação em 1635, porque o comércio de seu vinho e da bagaceira despencara. No final de 1660 e início de 1661, houve a Revolta da Cachaça, quando um grupo de donos de engenho depôs o governador do Rio de Janeiro e derrubou a ordem, proibindo a fabricação da cachaça.

Com o tempo, a cachaça tomou o lugar da bagaceira, e o aumento de consumo fez com que o governo, evidentemente, a taxasse.

Os produtores pioneiros foram os açorianos de Parati, no século XVI, e os colonizadores que se instalaram nos litorais de São Paulo e Santa Catarina.

No século XIX, toda a região de Parati dedicava-se à produção desse destilado, tanto que, por muitos anos, o nome Parati foi sinônimo de cachaça especial (Paraty). Sua produção espalhou-se, depois, por Pernambuco e Bahia. E, apesar de Minas Gerais ser, atualmente, um grande produtor de cachaça, só existem documentos sobre sua produção no estado a partir do século XIX.

Produção de cachaça

A cana-de-açúcar leva, aproximadamente, um ano e meio para atingir o ponto de ser cortada. Sessenta dias antes do corte, começa o acompanhamento do teor de açúcar na cana para determinar quando ela deve ser cortada.

O corte é todo mecanizado nas grandes destilarias, que também compram cana de terceiros para atender à enorme

Foto 60. Colheita da cana-de-açúcar.

Foto 61. Moedor industrial.

demanda da bebida. Hoje, a cachaça é a terceira bebida mais consumida do mundo, depois do sochu (China) e da vodca. No Brasil, existe, ainda, um número enorme de produtores artesanais, que têm uma pequena produção, com o corte feito manualmente.

Ao chegar à destilaria, a cana é lavada e esmagada para extrair o caldo (garapa) e para aumentar a taxa de sacarose.

O líquido resultante da moagem é decantado ou centrifugado para remover as impurezas. No caso da produção industrial, o caldo é também aquecido e pasteurizado. A seguir, é misturado com água, e vai para as dornas de fermentação

– espécie de barrica cortada ao meio, ou imensas panelas abertas, feitas de madeira, aço inoxidável ou cimento.

Para evitar a contaminação do ar, a fermentação tem que começar entre oito e dez horas depois da pasteurização, e pode levar de dez a 36 horas para se completar.

Foto 62. Dornas de fermentação.

Na indústria, usam-se leveduras que sobraram de processos anteriores de fermentação, a fim de manter a consistência do sabor.

Na produção artesanal, a fermentação, geralmente, é espontânea, por meio do chamado "pé-de cuba", o aproveitamento de leveduras selvagens do ar com caldo de cana; usam-se também levedura comum ou levedura "caseira", reproduzida a apartir de bagaço de cana, fubá de milho e farelo de milho.

Em grandes destilarias, a destilação ocorre em alambiques contínuos, enquanto, nas destilarias artesanais, de pequena produção, é feita em alambiques tipo "cebolão" – feitos de cobre e, geralmente, destila-se o líquido duas vezes. Como na produção de outros destilados, as cabeças e os rabos são redestilados. Em qualquer caso, a cachaça sai do alambique branca e transparente, com teor alcoólico entre 38% e 54% vol.

Foto 63. Destilaria da Ypióca.

Foto 64. Alambique tipo "cebolão".

A cachaça industrial, normalmente, não é envelhecida, mas as indústrias deixam-na descansar por três meses em barris de madeira, antes de engarrafá-la.

A cachaça envelhecida passa, no mínimo, um ano em barris de madeira. Algumas madeiras conferem sabor acentuado à cachaça, e as mais usadas são umburana, cedro, freijó, bálsamo, jequitibá e vinhático, todas nacionais, e o carvalho é importado. Seu gosto fica mais suave e fino, perde a acidez e adquire cor amarelada.

Durante o período de envelhecimento no barril, a cachaça pode evaporar até 15% do seu volume ao ano. Os produtores procuram manter os barris em temperatura amena, em locais de alta umidade, para que a perda fique em torno de 5% ao ano. Os produtores encaram essa perda como necessária ao aperfeiçoamento da bebida, da mesma forma que os escoceses chamam o percentual de evaporação do seu uísque como "a parte dos anjos".

É preciso destacar que, algumas vezes, a cor amarelada é obtida pela adição de calda de caramelo à cachaça.

As cachaças artesanais, obtidas em um alambique tipo "cebolão", são, em geral, mais saborosas, porque sua destilação é lenta, e o alambique é feito de cobre, o que favorece a formação de compostos voláteis que colaboram para o sabor agradável. Cada produtor tem seus próprios segredos, muitos utilizam somente o coração, e filtram o destilado em carvão para tirar algum excesso de cobre e diminuir a acidez.

A cachaça industrial é feita por grandes indústrias, com matéria-prima de vários produtores e de qualidade variada. É elaborada em alambiques contínuos, numa grande operação computadorizada. O processo é mais rápido, e ocorre em tanques de aço inoxidável, que não permitem a formação de compostos voláteis.

Produtores e coquetéis

Em 2003, a cachaça foi reconhecida pela Organização Mundial de Comércio (OMC) como o destilado exclusivo do Brasil, de maneira análoga ao cognac, que só pode vir da região de Cognac. Até então, a cachaça tinha a denominação de rum no mercado internacional.

Os grandes produtores de cachaça estão baseados nos estados de São Paulo, Pernambuco, Minas Gerais e Rio de Janeiro, mas se produz cachaça em todos os estados em que a cana-de-açúcar é plantada. Existe uma quantidade enorme de alambiques artesanais produzindo pequenas quantidades de cachaça de qualidade muito variada.

Nos últimos anos, as exportações da cachaça passaram de 5,6 milhões de litros em 1995 para 13 milhões de litros em 2004. O volume ainda é pequeno se comparado com o produzido anualmente no Brasil para consumo interno (oficialmente, 1,3 bilhões de litros e extra oficialmente pode chegar a 2 bilhões).

São Paulo produz 60% da cachaça nacional, sendo que em Itatiba, no interior, se produzem-se cachaças diferenciadas, como também em Minas Gerais, principalmente nos municípios de Salinas e de Novo Horizonte, são produzidas cachaças reverenciadas por apreciadores exigentes.

A recente aceitação da bebida pelas elites em todo o mundo tem feito o brasileiro não considerar mais vergonhoso beber cachaça em público. A maioria dos bons restaurantes do país oferece uma cachaça fina em seu cardápio.

O atual prestígio deve-se aos cuidados de produtores que têm se preocupado em fabricar cachaças com qualidade. Utilizam canas selecionadas e cortadas manualmente no ponto de maturação, sem queima e moídas no mesmo dia; o mosto é fermentado em dornas de aço inox por 24 horas; a destilação em alambiques de pot dura 24 horas, com descarte da "cabeça" e da "cauda"; o envelhecimento em tonéis de carvalho importado da Escócia é feito a seguir e depois ela é engarrafada sem contato manual. Em Minas Gerais, os produtores, além de oferecerem cachaças de qualidade, estão abrindo centros turísticos de visitação às destilarias para divulgar seus produtos.

As cachaças envelhecidas têm personalidade, e, por isso, devem ser tomadas puras e em pequenas doses, como digestivo, acompanhadas de canela ou casquinha de laranja para destacar seus aromas.

A cachaça branca e de boa qualidade é ideal para a preparação de coquetéis. O mais destacado é a caipirinha, drinque que se tornou famoso em todo o mundo: num copo, amassa-se um limão taiti (originalmente era o galego) com açúcar, acrescenta-se uma dose de cachaça e serve-se com gelo. Existem também diversas combinações com fruta, a nossa popular batidinha.

Marcas famosas: "51", Pitú, Espírito de Minas, Velho Barreiro, Ypióca, Germana, Musa, Anísio Santiago, Sagatiba, Dona Carolina

Fotos 65. Marcas famosas de cachaça.

Drink mais conhecido

Caipirinha

Ingredientes:

5.0 cl cachaça;

1/2 limão cortado em 4 fatias;

2 colheres de açúcar.

Método: montado

Copo: old Fashioned

Guarnição: 1 rodela de l imão

Modo de fazer: montar em copo old fashioned, colocando o açúcar e o limão cortado em pedaços sem o miolo. Macerar e acrescentar a cachaça, gelo e mexer bem.

Tequila

História

Na época da colonização do país, a população indígena produzia uma bebida fermentada, o pulque. Era proveniente da seiva de uma planta nativa, o agave azul, que não é um cacto. Os astecas usavam essa planta não só para fazer fios e roupas, mas também para fazer uma bebida, o mescal.

Os conquistadores espanhóis, quando chegaram em 1521 ao México, bebiam vinhos e destilados nas refeições, porque a água não era segura, mas não gostaram do sabor amargo do pulque. Experimentaram, então, destilar a bebida, usando técnicas já conhecidas na Europa, e produziram um destilado – o brandy de mescal.

Com o tempo, constataram que o agave azul, uma das quatrocentas espécies de agave que crescem no México, originava os melhores destilados. Era muito encontrado na pequena cidade de Tequila, no estado de Jalisco, na parte seca e central do México. O brandy de mescal, por esse fato, passou a ser chamado mescal tequila e, depois, simplesmente tequila.

A produção de tequila começou no México, em 1600, com dom Pedro Sánchez de Tagle, o marquês de Altamira. Em 1636, o governo impôs os primeiros impostos sobre a bebida, e a primeira destilaria oficial de tequila foi fundada em 1795, por dom José Maria Cuervo. Hoje, existe, no México, uma área cultivada de 50 mil hectares de agave azul e setenta destilarias.

As normas para a fabricação da tequila foram estabelecidas pelo governo mexicano, em 1978. Fixaram que somente a tequila feita do agave azul proveniente do estado de Jalisco, ao redor das cidades de Tequila e Guadalajara, e de certas aldeias nos estados de Nayarit, Michoacán e Guanajuato, engarrafada no México, pode ser considerada "100% tequila".

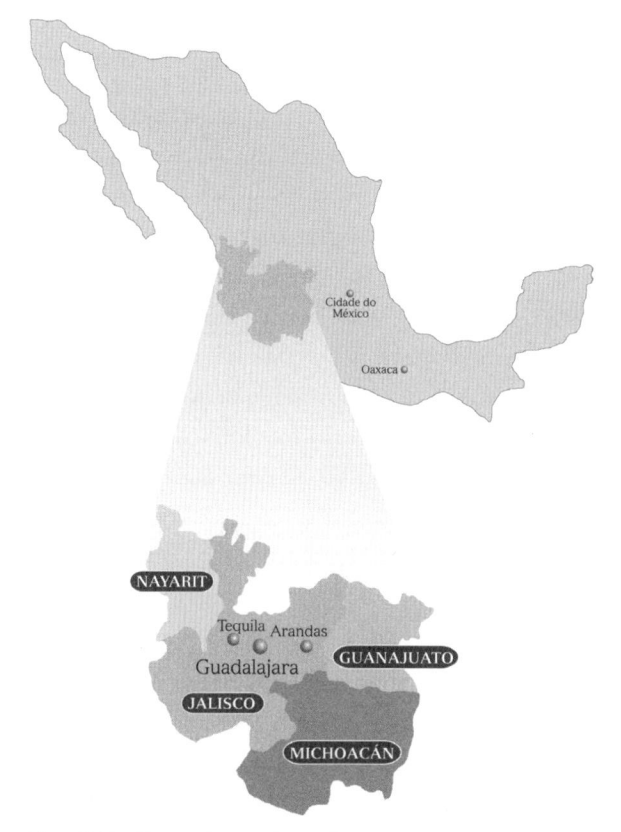

Mapa 5. Regiões produtores de tequila.

No México, fabrica-se também um destilado semelhante à tequila, feito com plantas da mesma família do agave, mas não do agave azul. É o mescal, e sua matéria-prima desenvolve-se melhor no sul do México, nos estados de Guerrero, Durango e Zacatecas.

Produção de tequila

O agave azul chega à maturidade quando tem entre 8 e 12 anos de idade. É uma planta muito grande, com folhas de até 2 metros de comprimento e diâmetro de 4 metros. Desenvolve-se bem, quando plantada nas secas planícies centrais do México, em altitudes acima de 1.500 metros.

Durante sua vida, antes de ser cortado, o agave deve receber certos cuidados. Com 4 ou 5 anos, tiram-se os brotos, que crescem e são plantados para formar novas plantações. Mais tarde, as folhas são aparadas para estimular o crescimento do coração do agave, uma fruta chamada *piña*, de onde é extraído o suco para fazer a tequila. A *piña* fica na base do agave, e, quando está rica em carboidratos e açúcares, é cortada com uma ferramenta chamada côa (foto 67b), usada pelo trabalhador chamado "jimador", para retirar as folhas pontiagudas e extrair a *piña* da base da planta. A *piña* assemelha-se a um grande abacaxi e pode pesar entre 35 e 150 quilogramas (foto 67c). São necessários, aproximadamente, 7 quilogramas de *piña* para se produzir 1 litro de tequila, ou seja, cada *piña* produz, em média, de 5 a 20 litros da bebida.

A *piña* é levada para grandes fornos de pedra, onde é lentamente cozida, durante 24 a 36 horas, para amolecer suas fibras. Pode também ser colocada em autoclaves, durante oito a catorze horas, com o mesmo resultado. Depois, é deixada para esfriar durante duas horas e, então, é prensada, tradicionalmente, usando-se uma enorme roda de pedra, antigamente puxada por bois ou burros. Hoje, usam-se máquinas modernas, que, enquanto moem a *piña*, borrifam água para extrair o máximo de açúcar das fibras.

O suco é colocado em dornas, para fermentar, pela adição de levedura cultivada ou pela ação de leveduras selvagens, presentes nas folhas da planta. O tempo de fermentação varia de sete a doze dias, mas as indústrias modernas dispõem de recursos para apressar esse processo para até três dias. Alguns produtores fermentam o suco junto com o bagaço da *piña* deixado depois da prensagem, o que dá um sabor mais

Foto 66a. Agave azul.

Foto 66b. Jima.

Fotos: Divulgação Consejo Regulador del Tequila

Divulgação Consejo Regulador del Tequila

Foto 66c. Transporte da *piña*.

acentuado ao produto final. O resultado da fermentação é um mosto com teor alcoólico entre 5% e 7% vol.

Quanto maior for a porcentagem do agave azul na fermentação, melhor será a qualidade final da tequila.

Em 1964, para agradar o paladar americano, foi permitido adicionar 49% de açúcar de cana ao mosto do agave. Desde 1995, uma lei restringiu o uso a 40% de açúcar.

O mosto é destilado duas vezes em tradicionais alambiques do tipo *pot*, ou em modernos alambiques contínuos. Em alguns casos, é destilado três vezes, resultando uma tequila mais pura, com teor alcoólico acima de 50% vol., o

Foto 67. Forno de pedra onde a *piña* é levemente cozida.

Foto 68. Máquinas modernas moem a *piña* para a extração do suco.

que exige que seja diluída. Essa terceira destilação, porém, também remove grande parte do sabor sutil da planta, que os apreciadores de tequila valorizam.

Como todo destilado, o líquido não tem cor. Ele pode adquiri-la pelo envelhecimento, que ocorre em barricas de uísque bourbon, de vinho de xerez ou de cognac francês. O tempo de envelhecimento varia de três meses a cinco anos. Algumas tequilas recebem a adição de caramelo.

Foto 69. Dornas de fermentação.

Foto 70. Alambique para destilação de tequila.

Tipos de tequila

A tequila é dividida em duas categorias:

- *puro agave* – feita, exclusivamente, com o suco do agave azul, destilada e engarrafada no México;
- *misto* – deve incluir, no mínimo, 51% do suco do agave azul. Pode ser exportada a granel para ser engarrafada em outros países.

As tequilas que seguem a Norma Oficial Mexicana (NOM) recebem um selo de identificação do governo mexicano, existindo quatro tipos:

- *blanco (silver)* – é a tequila tradicional, clara e transparente, engarrafada imediatamente após a destilação. Tem o aroma e o sabor do agave azul e, em geral, é forte, e bebida pura;
- *oro (gold)* – é a tequila blanco com a adição de corantes, como o caramelo. Normalmente, é usada para fazer um dos coquetéis mais famosos do mundo: a margarita (tequila, suco de limão e licor Cointreau);
- *reposado (descansada)* – é a tequila blanco que foi descansada em barricas de carvalho entre dois meses e um ano. A bebida adquire um pouco da cor amarela e fica mais suave;
- *añejo (envelhecida)* – é a tequila blanco envelhecida em barricas de carvalho por mais de um ano, normalmente de três a cinco anos. A capacidade do barril não pode exceder 600 litros. Geralmente, usam-se barris de bourbon envelhecidos de 190 litros. A cor é mais escura do que a tequila repousada, e o aroma e o sabor são mais ricos, bastante afetados pelo contato com a madeira.

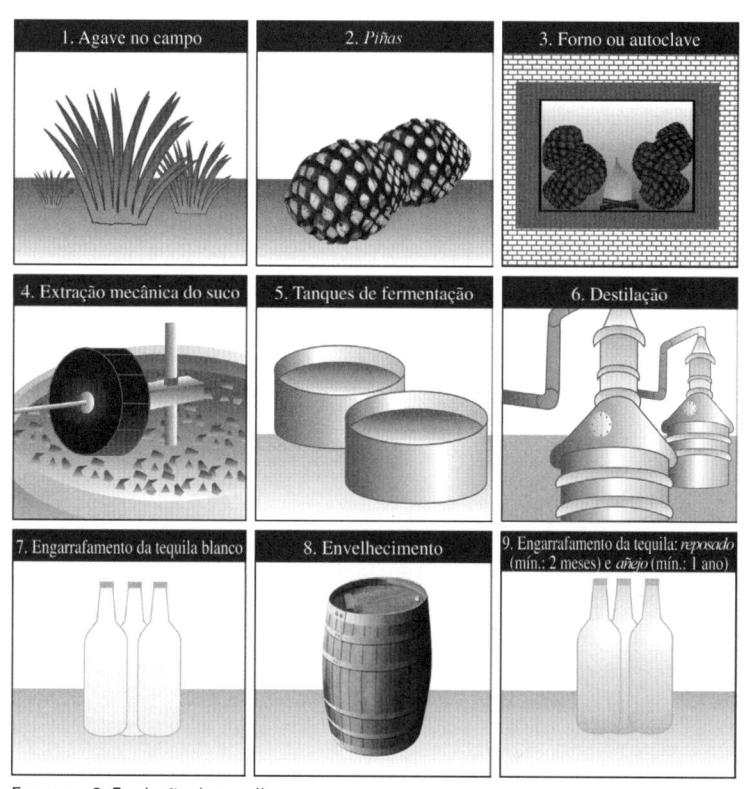

Esquema 9. Produção de tequila.

Apesar de não ser um tipo de tequila oficialmente regulamentado, existe um tipo "reserva" elaborado pelos produtores, que fica oito anos nas barricas; seus preços são muito altos.

Muitas tequilas *top* são comercializadas em garrafas de vidro moldado a sopro. Quanto ao sabor, é uma bebida mais sofisticada do que a vodca, o destilado com o qual compete nos bares. A maioria das vodcas exige que se misture algo para ter sabor, enquanto que uma boa tequila é deliciosa sozinha.

Para a degustação, os especialistas recomendam não girar a tequila no copo. Coloque a palma da mão sobre a boca do copo e chacoalhe o líquido para liberar seus aromas.

A tequila deve ser bebida à temperatura ambiente, ou ligeiramente abaixo, e não deve acompanhar a comida.

Um dos rituais é bebê-la de um só gole, depois de morder uma rodela de limão com sal.

Marcas famosas: Jose Cuervo, Herradura, Sauza, Reformador Casa Noble, Real, Don Julio

Foto 71. Marcas famosas de tequila.

Drink mais conhecido

Margarita

Ingredientes:

3.5cl Tequila;

2.0 cl Cointreau;

1.5 cl suco de limão.

Modo de fazer: coloque todos os ingredientes na coqueteleira e bata bem.

Despeje na taça já crustada com sal e refrigerada, passando pelo strainer.

Bebidas compostas

Além dos fermentados e destilados existe uma outra categoria de bebidas com álcool. Eles podem estar agrupados em licores, vermutes e bitters.

Licor

Licores são destilados neutros que recebem aromas e sabores e, a seguir, são adoçados.

Originaram-se nos monastérios da Idade Média, onde os monges cultivavam ervas e especiarias para fins medicinais. Muitas dessas ervas eram ressecadas para serem preservadas, mas se descobriu que poderiam também ser preservadas em álcool e que, dessa forma, poderiam ser tomadas em qualquer época do ano.

De início, muitos desses remédios tinham gosto desagradável. Para melhorar o sabor, os monges começaram a misturar ervas até chegar a um sabor agradável. Ele melhorou muito com o uso do açúcar no século XIV.

Existem três processos de se aromatizar um licor:

- *redestilação* – o destilado passa por mais uma destilação, com o aroma escolhido, em um alambique do tipo *pot*. É o que ocorre com várias raízes, sementes e grãos que podem ser destilados;

- *maceração* – algumas frutas e ervas que não podem ser destiladas são deixadas para macerar no destilado por até quatro semanas;

- *infusão* – o destilado é bombeado em cima do elemento aromatizante para pegar sabor. Processo idêntico ao de se jogar água quente em cima do pó de café no coador.

Depois da aromatização, são diluídos até um teor alcoólico de cerca de 20% vol., muito menor do que o de qualquer outro destilado.

Depois, são adoçados com xarope de açúcar para adquirir suavidade e corpo, e o resultado é geralmente incolor. Pela adição de corantes, muitos licores podem ser verdes, amarelos, azuis, marrons ou cor de âmbar.

Bitters são licores com pouco açúcar.

Outro processo relativamente recente é misturar alguns destilados (normalmente uísques) com creme de leite, o que deu origem a licores famosos, como o Bailey's e o Drambuie.

No quadro a seguir, encontram-se algumas marcas de licores famosos comercializados no Brasil, com seus principais ingredientes.

Licor	Principais componentes
Amaretto	Amêndoas e damascos
Amarula	Marula e creme de leite
Bailey's	Uísque irlandês, creme de leite
Benedictine	27 ervas e especiarias
Cassis	Groselha
Cointreau	Cascas de laranja amarga
Drambuie	Uísque escocês, creme de leite, urze, mel, ervas e especiarias
Grand Marnier	Cognac e casca de laranja

Kahlua	Café
Malibu	Rum e coco
Southern Comfort	Uísque bourbon e pêssego

Foto 72. Marcas famosas de licores.

Vermutes

A história do vermute é semelhante à dos licores: os monges preservavam as ervas colocando-as no vinho, e usavam o líquido para fins medicinais.

A palavra *vermute* é derivada do alemão *wermut* ("absinto", erva muito amarga que era usada como ingrediente básico da bebida).

Os romanos usavam o absinto em chás para matar vermes intestinais, sem as folhas, que foram proibidas por serem tóxicas.

Com a introdução do açúcar, esses "remédios" passaram a ser consumidos como aperitivos.

Os vermutes são fabricados a partir de quatro elementos básicos:

- um vinho-base, em geral barato, a granel;
- a mistela, que é o mosto de uva, não fermentado, misturada com aguardente vínica. A presença do álcool impede a fermentação, e a mistela fica com todo o seu açúcar residual. A seguir, é misturada com o vinho-base;
- um destilado;
- botânicos – ervas, especiarias, plantas e frutas.

Os botânicos são macerados com o destilado, que, depois de aromatizado, é misturado com o vinho adocicado. Essa mistura é deixada para descansar para os sabores se juntarem, o que leva, em geral, de seis a doze meses.

Esse processo, em alguns casos, ocorre ao ar livre, onde os barris contendo a mistura ficam expostos ao sol, à chuva, ao vento e ao frio. A seguir, o que resulta do processo é limpo, refrigerado e pasteurizado para adquirir estabilidade.

O vermute pode ser encontrado em três estilos:

- *seco* – é branco, com teor alcoólico de 18% vol., e 5% de açúcar residual em sua composição. É o mais conhecido de todos os estilos, e costuma ser denominado vermute francês;
- *doce* – em geral, é tinto, chegando à sua cor graças ao uso de caramelo. Seu teor alcoólico varia de 15% a 16% vol., e possui 15% de açúcar residual. É conhecido como vermute italiano;
- *meio-doce* – pode ser branco ou tinto, e apresenta açúcar residual entre 5% e 10%.

A produção do vermute absorve o excesso dos vinhos de mesa da França e da Itália, e, por isso, as marcas mais conhecidas da bebida vêm desses países.

Consta que o vermute foi criado no norte da Itália. O fabricante pioneiro foi Carpano, de Milão, capital da região da Lombardia, e a marca principal, Punt e Mes (Ponto e Meio), deve seu nome à Bolsa de Valores de Milão. Outras marcas italianas famosas, como Cinzano e Martini & Rossi, ficam em Turim, capital do Piemonte.

Savoia, na França, compartilha a tradição do vermute com Turim e Milão. Existe um vermute francês que recebeu denominação de Appellation Contrôlée. É o Chambéry, feito nas montanhas da Savoia, e aromatizado com ervas alpinas e morangos silvestres. Outros vermutes franceses famosos são Noilly Prat, Lillet e Dubonnet.

As principais marcas internacionais de vermute são produzidas no Brasil sob licença de suas matrizes.

Foto 73. Marcas famosas de vermute.

Bitters

Amaros é uma categoria de bebidas que pode ser dividida em dois grupos: vermutes e bitters. São bebidas produzidas com diferentes tipos de cascas e ervas e podem levar até mais de 30 ingredientes em seu preparo. A essa mistura, é adicionada vinho, no caso dos vermutes, ou álcool anidro, no caso dos bitters, e, por processo de infusão, produz-se a maioria dos amaros encontrados no mercado.

Angostura

É um dos bitters mais conhecidos do mundo e foi preparado, pela primeira vez, em 1824, pelo doutor J. C. B. Siegert. Seu nome se deve a uma razão geográfica, a cidade venezuelana de Angostura, hoje Ciudad Bolívar, onde esteve seu criador, que era cirurgião das tropas de Simón Bolívar. A bebida, resultado das experiências do médico com genciana, ervas tropicais e especiarias, inicialmente foi usada para aliviar as desordens estomacais dos soldados de Bolívar. Foi muito utilizada pela marinha inglesa, em que era misturada ao gim para atenuar as amarguras. Por causa da relativa suavidade, delicado sabor e fina fragrância, tornou-se extremamente popular, sendo usada no preparo de muitos coquetéis. Atualmente, este bitter é produzido e envasado em Trinidad e Tobago. Tem graduação alcoólica de 44,7%.

Campari

Surgiu, com sua vibrante cor vermelha, em 1860, pelas mãos do italiano Gaspare Campari. Em sua receita, leva cerca de 60 ingredientes oriundos dos quatro continentes. Seu sabor equilibrado entre o amargo e o doce é apreciado puro, com gelo ou misturado a tônica, suco de laranja e a uma infinidade de outros ingredientes. Tem graduação alcoólica de 28,5%.

Bibliografia

BROOM, Dave. *Rum*. Nova York: Abbeville Press, 2003.

BROOM, Dave. *Atlas mundial do Whisky*. São Paulo, Larousse, 2011.

GREGORY, Conal R, *The Cognac Companion*. London: Apple, 1997.

HIMELSTEIN, Linda, *O Rei da vodca*. São Paulo: Zahar, 2010.

JACKSON, Michael. *Beer*. Londres: DK, 2007.

JACKSON, Michael. *Whiskey*. Nova York: DK, 2005.

MACLEAN, Charles. *Whisky*. London: DK, 2008.

MORADO, Ronaldo, *Larousse da cerveja*. São Paulo: Larousse do Brasil, 2009.

MOSHER, Randy. *Tasting Beer*. Boston: Storey Publishing, 2009.

PETZKE, Karl. *Tequila*. San Francisco: Chronicle Books, 2009.

SEIDL, Conrad. O catecismo da cerveja. São Paulo: Senac, 2003.

Sites

http://cervejasdomundo.com. Acesso em 7-8-12.

http://edurecomenda.blogspot.com. Acesso em 1-7-12.

http://mapadacachaca.com.br. Acesso em 2-8-12.

http://www.abcw.com.br/index2.htm. Acesso em 6-8-12.

http://www.brejas.com.br >. Acesso em 6-8-12.

http://www.cognac-world.com. Acesso em 7-8-12.

http://www.crt.org.mx. Acesso em 6-8-12.

http://www.vodkas.com.br. Acesso em 7-8-12.

http://www.whiskey.com. Acesso em 6-8-12.